U0905364

“菜篮子”生活物资应急保障实操初探

王绪浦　王永开　主编

中国言实出版社

图书在版编目（CIP）数据

“菜篮子”生活物资应急保障实操初探 / 王绪浦，王永开主编 . -- 北京 : 中国言实出版社，2020.5

ISBN 978-7-5171-3444-2

Ⅰ . ①菜… Ⅱ . ①王… ②王… Ⅲ . ①菜篮子工程—研究—中国 Ⅳ . ① F326

中国版本图书馆 CIP 数据核字（2020）第 071844 号

责任编辑 宫媛媛
责任校对 代青霞

出版发行 中国言实出版社

地　址：北京市朝阳区北苑路 180 号加利大厦 5 号楼 105 室
邮　编：100101
编辑部：北京市海淀区北太平庄路甲 1 号
邮　编：100088
电　话：64924853（总编室） 64924716（发行部）
网　址：www.zgyscbs.cn
E-mail：zgyscbs@263.net

经　　销 新华书店
印　　刷 北京虎彩文化传播有限公司
版　　次 2020 年 6 月第 1 版　　2020 年 6 月第 1 次印刷
规　　格 880 毫米 ×1230 毫米　1/32　5.25 印张
字　　数 155 千字
定　　价 36.00 元　　ISBN 978-7-5171-3444-2

序 > > > > > > > > > >

欣闻连云港市商务局编写的《“菜篮子”生活物资应急保障实操初探》一书即将出版发行，我感到十分高兴。在大灾大疫面前，连云港市商务局不失声，不失位，不失为，体现出了地方政府部门勇于担当、敢于作为、负重前行的精神，令人感动。

新冠肺炎疫情发生后，市商务局在习近平新时代中国特色社会主义思想的引领下，不忘初心、牢记使命，心系群众，保障供应，按照党中央、国务院和省市党委、政府的统一要求和部署，组成市生活物资保障组，及时启动生活物资保障预案，切实落实“菜篮子”等生活必需品的保供责任。为了取得抗疫斗争的胜利，让全市居民和医护人员无后顾之忧，市生活物资保障组迅速开展应急保供。在供应上，为了稳定市场秩序，组织全市八大商家公开承诺“不涨价、保供应、稳安全”，先后动员城区 45 家菜市场在做好安全防护措施的前提下全部营业，储备猪肉 1600 吨、蔬菜 1500 吨，有序投放市场。在指挥上，切实加强市场运行调度，创造性地建立县区板块、农贸市场、重点商超、市场价格等“一套四表”监测体系，严格落实数据日监测、日调度，确保市场货源供应。在物流上，开辟“绿色通道”，畅通农产品运输配送，降低“最后一公里”送货时间。在管理上，严格加强市场监管，严厉打击哄抬物价、囤积居奇、牟取暴利等违法违规行为。在宣传上，充分利用传统媒体和新媒体，准确报道市场供需情况，积极宣传保供稳价成效，稳定社会预期，增强民众信心。

面对疫情，市生活物资保障组逐步健全了统分结合、职责清晰、协调有力、运转高效的应急管理体系，使应急响应、指挥调度、物资供应等各方面工作有序高效推进；保证了全市蔬菜、肉食、蛋奶、粮油、食盐、水产品等必需生活物资供应充裕、储备丰富、价格平稳，生活物资保供工作卓有成效；建立了重大疫情下“菜篮子”生活物资保障体系，完善健全了应急机制。可以说，见机快，反应早，影响大，效果好，为广大人民群众送去党和政府的温暖与关怀，得到全市人民的一致好评，真正做到群众满意、商家满意、社会满意，在前所未有的防疫抗疫中交出了一份完美的答卷。

《“菜篮子”生活物资应急保障实操初探》一书总结了连云港市防疫抗疫第一阶段中的有益经验和教训，便于对下一阶段的工作进行指导，对新形势下做好“菜篮子”生活物资保障工作具有一定的现实意义，对市县两级商务部门在实际工作中做好精准保供具有借鉴交流作用。

中国商业联合会副会长、江苏省商业联合会会长　潘宪生

2020 年 4 月

目　录

附　录

2020年初，一场突如其来的新冠肺炎疫情爆发并迅速蔓延。面对疫情，党中央、国务院和地方党委政府高度重视，全国人民众志成城，全力投入抗击疫情阻击战中。1月25日，农历正月初一，习近平总书记主持召开中共中央政治局常务委员会会议，专门听取新型冠状病毒感染的肺炎疫情防控工作汇报，对疫情防控工作进行再研究、再部署、再动员。全国上下迅速全力投入这场疫情防控的决战中。

在疫情十分严重复杂的形势下，“菜篮子”生活物资保障工作关系到亿万人民的基本生活，关系到稳定人心、稳定预期、稳定社会秩序的大局，对有力有序开展疫情防控工作具有重要意义。然而，市场保供的具体任务与责任是由地方政府部门承担的，绝大多数城市的市场保供工作都是由商务部门牵头组织落实的。如何全力保障本地区“菜篮子”等生活必需品市场供应充足，确保产得出、运得走、不积压、不难卖，同时又要调得进、供得上、不脱销、不断档，如何科学指导货源组织，确保党中央、国务院的决策部署落到实处，是对地方商务部门组织协调能力和执行力的严峻考验。

◀连云港市市委书记、市人大常委会主任项雪龙（右六）调研生活物资保障供应和疫情防控工作情况

连云港市新冠肺炎疫情防控工作会议召开以来，市生活物资保障组围绕中央和省、市工作部署，迅速响应，立即行动，全力以赴开展保供应、稳物价等各项工作，切实做到“六个强化、六个到位”。

1. 强化领导，组织到位。围绕中央和省、市统一部署，市商务局牵头成立生活物资保障组，并抽调市发改委、农业农村局、交通运输局、市场监管局、公安局交警支队等部门精干力量，组成工作专班集中办公。

2. 强化调度，保供到位。一是迅速启动应急保供，动员城区 45 家菜市场全部营业，组织市区八大商家公开承诺“不涨价、保供应、稳安全”，迅速稳定市民情绪，提振市民防疫信心。二是切实加强市场运行调度，建立县区板块、菜市场（农贸市场）、重点商超、市场价格等“一套四表”监测体系，严格落实数据日报制度。三是增加应急物资储备，采取市场化运作方式，新增猪肉、蔬菜储备 3000 余吨，解决广大市民的后顾之忧。

3. 强化重点，措施到位。一是通过开辟本地农产品销售专区、推进农批农超农商对接等举措，有效缓解地产果蔬滞销难题。二是推进开展“无接触配送服务”新模式，实行线上下单、线下“无接触”配送，在保障市民的“菜篮子”和“餐桌上的安全”上发挥积极作用。三是组织两批34家规模以上餐饮企业作为供餐企业，为我市机关、团体和企事业单位复工复产提供集体用餐配送服务。

4. 强化统筹，协调到位。一是市商务局和交巡警支队加强协同配合，累计向全市重点保供企业印发“绿色通行证”536张，打通生活物资运输的“最后一公里”。二是市农业农村局主动做好储备蔬菜来源基地摸查筛选工作，切实做到保供应、稳菜价、稳预期，全力保障百姓的“菜篮子”。三是市交通运输局为3000余辆车备案办理疫情防控物资应急通行证，全市累计向湖北武汉等地发送疫情防控应急物资和重点民生物资超过7万吨。四是全市市场监管系统每日出动监管执法人员近千人次，检查各类市场经营场所，杜绝野生动物交易、哄抬物价等违法违规行为。

5. 强化督查，监管到位。坚持“保供应、保安全”两手抓、两手硬，严格开展“四不两直”督查暗访，实现全市重点商超、住宿餐饮企业全覆盖，确保商贸企业清洁消杀、工作人员安全防护措施、进场人员体温检测等防疫举措落实到位。

6. 强化引导，宣传到位。加强正面宣传引导，在连云港电视台进行专题宣传4次，通过《连云港日报》、“连云港发布”微博等媒体发布文章20余篇，通过“连云港”微信平台发布疫情防控宣传信息80余条；制作印发宣传页1.5万份、展板200个、横幅120条，投放到全市大型商场超市、菜市场（农贸市场）和住宿餐饮企业，切实营造全社会科学防控、精准防控的浓厚氛围。

市生活物资保障组之所以取得了阶段性工作成效，主要是因

▲连云港市市长方伟（右三）冒雪检查防疫物资和生活必需品运输保障工作

为及时启动了应急保供预案。现就连云港市在战疫情、保供应，做好“菜篮子”生活物资应急供应的实操方面作阶段性梳理总结。

一、启动应急响应

1月25日，习近平总书记主持召开了中共中央政治局常务委员会会议，专门听取新冠肺炎疫情防控工作汇报，对疫情防控，特别是患者治疗工作，进行再研究、再部署、再动员。会议决定，党中央成立应对疫情工作领导小组，在中央政治局常务委员会领导下开展工作。党中央向湖北等疫情严重地区派出指导组，推动有关地方全面加强防控一线工作。习近平总书记强调，生命重于泰山。疫情就是命令，防控就是责任。各级党委和政府必须按照党中央决策部署，全面动员，全面部署，全面加强工作，把人民群众生命安全和身体健康放在第一位，把疫情防控工作作为当前最重要的工作来抓。只要坚定信心、同舟共济、科学防治、精准施策，我们就一定能打赢疫情防控阻击战。同时强调要加强市场供给保障工作。省、市党委政府迅速贯彻落实有关精神，连云港市商务部门按照国家商务部、省商务厅和市政府的要求，迅速启动“菜篮子”生活物资保障应急预案，立即投入防控工作第一线，坚守岗位，靠前指挥，及时掌握疫情保供情况，制定周密方案，及时采取行动，及时指导，做到尽心尽责，加强“菜篮子”等生活物资保障工作。

经调研了解，连云港市自疫情发生以来，在短时间内，就掀起了四股抢购狂潮：第一次是抢口罩，第二次是抢菜，第三次是抢双黄连口服液，第四次是抢消毒液等。针对疫情迅猛来袭之势，市商务局果断采取了一级应急响应。

（一）召开会议，贯彻部署

连云港市人民政府于 1 月 27 日上午召开动员部署会议后，市商务局于会后当日召开了局领导班子及相关处室会议，贯彻落

▲连云港市副市长吴海云（左三）检查超市疫情防控和市场供应工作

实上级要求，统一思想，严格履职。特别是2月6日市委市政府要求成立生活物资保障组后，商务局组织学习了国务院、商务部、省商务厅及市防控领导小组下达的一系列相关生活物资保障的文件精神。通过认真学习，市商务局掌握了生活物资保障的目的意义、具体工作内容与要求，制定了有针对性的应对措施（见附录一、附录二）。

（二）建立组织机构

拟定组建方案，按市疫情联防联控领导小组要求成立了以市商务局主要负责人为组长，分管负责人为副组长，以市商务局、发改委、农业农村局、市场监督管理局、交通运输局、交警支队精干力量为成员的"战疫情、保供应"生活物资保障小组（见附录三）。

（三）集中人员到位

商调相关部门业务骨干，及时开展应急保障工作，抽调人员当天到位到岗。办公室设在市商务局，统一到市联防联控领导小组集中办公，具体业务工作由副局长牵头落实。

（四）明确任务

按上级要求拟定具体任务：

1．督促商超、企业开工开业。指导督促超市卖场、农批市场、菜市场（农贸市场）、猪肉和蔬菜储备生产企业、物流企业做好生活必需品供应保障工作。

2．加强保供监测预警。加强市区生活物资供应的监测和需求预测，及时报告重大情况，积极采取有效措施应对异常波动。

3．做好货源储备。发挥政府储备和商业储备作用，落实农产品在库和在田储备保障，突出龙头企业和行业协会引导作用。组织扩大蔬菜种植面积，提高本地蔬菜供应能力，鼓励采购本市内自产蔬菜。发挥全市重点农批市场的保供作用，加强与市内外生产基地对接，进一步拓宽农产品采购渠道，增加储备。

4. 落实疫情防控措施。做好超市、商场、城市商业综合体、菜市场（农贸市场）、餐饮场所等疫情防控。

5. 强化市场监管。加强部门协作和信息沟通，通过联合执法，做好市场价格、市场交易、食品安全、质量安全等方面的监测和监管工作，打击哄抬物价、囤积居奇、制假售假等违法行为。

6. 保障生活物资运输畅通。统筹做好生活物资运输，将重要生活物资纳入应急运输保障范围，充分了解运输需求，为配送、调运创造条件，确保生活物资运输畅通。

7. 引导社会预期。准确报道市场供需情况，积极宣传保供稳价成效，稳定社会预期，增强民众信心，为疫情防控、保障供应营造良好的舆论氛围。

（五）明确职责

进一步细化各部门职责，由各部门自报业务内容，讨论商定后确定。

市商务局：承担生活物资保障组日常工作。牵头落实市委市政府关于疫情防控生活物资保障的指示和要求，及时向市委市政府报告生活物资保障工作重大情况；掌握全市生活物资供应保障情况，平衡需求，提出生活物资保障的意见、建议，协调相关部门、单位处理有关事项；开展疫情防控期间生活保障物资监测；建立和落实会商、日报等工作机制，督促各成员单位按时落实职责分工。

市农业农村局：促进生猪生产，落实承担的“菜篮子”责任，掌握生活物资保障工作情况，特别是“菜篮子”基地的情况和信息，监督指导农业农村条线开展疫情防控工作，做好农商、农超对接。

市发改委：做好全市粮油、肉蛋奶、蔬菜等生活物资市场价格监管，做好平价商店的管理、服务工作。

市场监管局：加强对菜市场（农贸市场）、商超等经营主体的管理和服务，履行对生活物资价格秩序、质量和食品安全监管职责，维护规范有序的交易秩序。

市交通运输局：掌握全市生活物资运输情况，统筹做好生活物资运输，将重要生活物资纳入应急保障范围，完善生活物资运输应急预案，做好应急车辆的调配，解决生活物资运输中遇到的困难和问题，保障运输畅通。

市公安局交警支队：掌握全市生活物资调运通行情况，为企业配送运输提供便利，协调解决生活物资调运中遇到的通行困难和问题，保障市内配送运输畅通。

（六）明确要求

对生活物资保障组各部门及全体人员提出办公制度要求：

1. 提高政治站位。坚决将疫情防控工作作为政治任务，按照疫情防控领导小组的部署，做好生活物资保障工作。各部门按照职责分工，明确责任，守土有责，守土担责，守土尽责，确保物资保障工作落实到位。

2. 及时做好应急生活物资统计、储备、调度工作，按照疫情防控领导小组指令和防疫需求，掌握应急生活物资销售情况和采购渠道，适时进行调度采购。

3. 加强值班值守，保持通信联络 24 小时畅通，严格执行请销假制度。

4. 遵守保密规定，控制舆情舆论，严禁超范围传播消息。

5. 加强协调，配合协作，联防联控，及时沟通、通报各类信息。

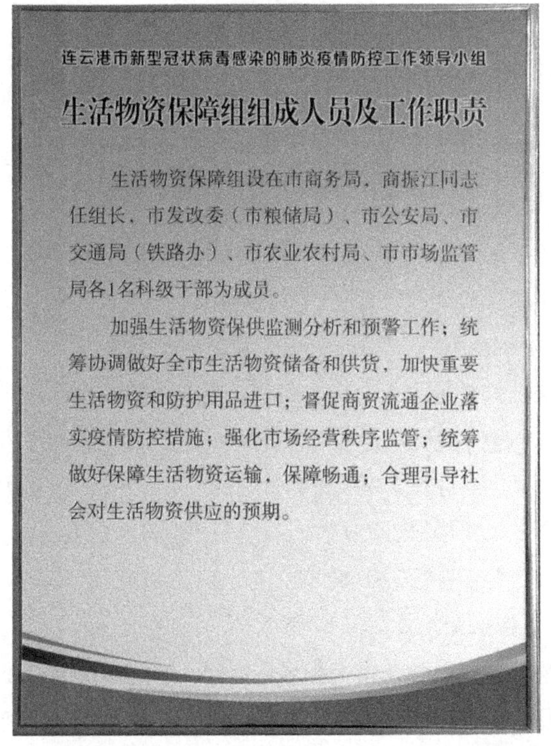

连云港市新型冠状病毒感染的肺炎疫情防控工作领导小组

生活物资保障组组成人员及工作职责

生活物资保障组设在市商务局，商振江同志任组长，市发改委（市粮储局）、市公安局、市交通局（铁路办）、市农业农村局、市市场监管局各1名科级干部为成员。

加强生活物资保供监测分析和预警工作；统筹协调做好全市生活物资储备和供货，加快重要生活物资和防护用品进口；督促商贸流通企业落实疫情防控措施；强化市场经营秩序监管；统筹做好保障生活物资运输，保障畅通；合理引导社会对生活物资供应的预期。

▲连云港市生活物资保障组组成人员及工作职责

二、组建应急体系

健全应急管理体系，形成统一指挥、分级管理、功能齐全、反应灵敏、运作高效的应急体制，见下图：

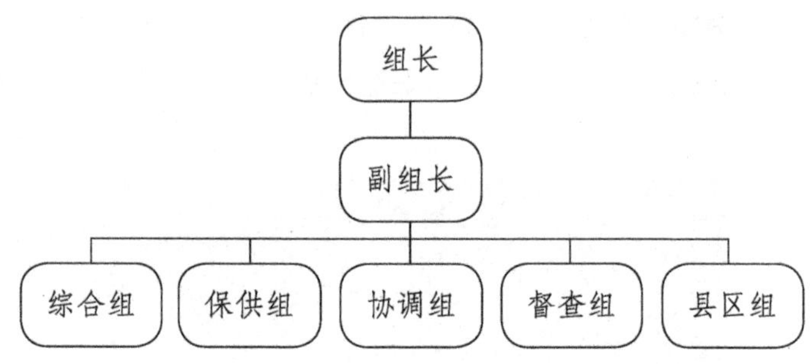

▲连云港市生活物资保障组应急体系

在组长领导下开展工作。明确职责，组建5个小组，即综合组、保供组、协调组、督查组、县区组。

（一）综合组

牵头及参与单位：市商务局办公室

工作职责：负责制定生活物资组管理工作制度；负责生活物资组公文收发、会务等文秘工作；负责撰写生活物资组汇报材料；负责生活物资组宣传和信息工作，合理引导消费者对生活物资供应的预期；做好生活物资组后勤保障工作。

（二）保供组

牵头及参与单位：市商务局运行处、市场体系建设处

工作职责：负责生活物资保供日报统计、运行分析和预警工作；掌握全市生活物资供应保障情况，及时提出改进生活物资保障的意见、建议；统筹协调做好全市生活物资储备和供货，加快重要生活物资和防护用品供应。

（三）协调组

牵头单位：市商务局运行处

工作职责：协调各单位之间相互配合；统计监测汇总全市生

活物资必需品价格情况、“菜篮子”基地生产情况、市场交易秩序情况、市场保供车辆流通情况，以及应急运输车辆准备情况。

（四）督查组

牵头单位：市商务局流通处、服贸处、运行处

参与单位：市发改委、市市场监管局、市交通局、市农业农村局、市公安局交警支队。

工作职责：负责对商超、餐饮等企业防疫防控督查；指导企业落实防疫要求；对保供储备单位的货源、经营秩序进行督查。

（五）县区组

牵头单位：市商务局运行处、流通处

工作职责：负责指导县区开展生活物资保障联防联控工作；负责统计县区日报工作。

明确联络员：市商务局运行处

负责联络市联防联控领导小组；落实上级相关要求；汇报生活物资保障情况；按要求协调衔接安排小组成员单位相关工作。

三、应急监测机制

监测工作是开展生活物资保障工作的基础。

（一）市场监测

召开县区商务部门及重点保供企业会议，落实生活必需品监测工作。主要从全市各县区生活物资保障供应情况、全市菜市场生活物资保障供应情况、全市 13 家重点监测单位生活物资保障供应情况、全市公共卫生事件应急价格监测情况这 4 个方面进行监测，制定相应报表（见下图的 4 个表格），要求及时开展每日报表报送工作，从而全面及时准确掌握商品运行情况。

▼全市各县区生活物资保障供应情况日报表（节选）

种类 县区	米		面		食用油		……	
	总量（吨）	可供应（天）	总量（吨）	可供应（天）	总量（吨）	可供应（天）	总量（吨）	可供应（天）
全市								
海州区								
东海县								
……								

▼全市菜市场（农贸市场）生活物资保障供应情况日报表（节选）

种类 县区	米			面			……		
	总量（吨）	当日销量(吨)	可供应（天）	总量（吨）	当日销量(吨)	可供应（天）	总量（吨）	当日销量(吨)	可供应（天）
市区 28 家菜市场（农贸市场）									
4 县 17 家菜市场（农贸市场）（含赣榆区）									

▼全市 13 家重点监测单位生活物资保障供应情况日报表（节选）

序号	商贸企业名称	大米			面粉			……		
		总量（吨）	当日销量(吨)	可供应（天）	总量（吨）	当日销量(吨)	可供应（天）	总量（吨）	当日销量(吨)	可供应（天）
1	农副产品批发市场									
2	瀛洲路农贸市场									
3	家得福									
4	……									

▼连云港市公共卫生事件应急价格监测日报表（节选）

商品名称	规格等级	计量单位	上期价格	本期价格	与上期比	备注
1. 粮油（3）						
粳米	苏北二级袋装	元 /500 克	2.27	2.27	0.00%	
面粉	特一粉	元 /500 克	2.80	2.80	0.00%	
食用油	桶装一级浸出（金龙鱼二代）	元 /5 升	42.45	42.45	0.00%	
2. 蔬菜						
大白菜	……	……	……	……	……	

（二）供求监测

监测是保障工作中极为重要的一环。

保障组对 4 种渠道报送的生活物资供需情况进行综合研判，全面掌握生产流通、消费总量，对本市供应能力和需从外地调入的品种数量进行预测，及时制定调控政策，为提高保障能力提供依据（见附录四）。

▲连云港市副市长黄远征（左一）检查物资储备情况

（三）预警预报

当发现某种物资短缺和价格上涨等现象发生时，根据发展势态，保障组向有关单位发布预警预报，同时向市指挥部及时汇报。

四、应急保供推进

生活物资应急保供是核心，全面掌握商品生产、流通、销售等情况是重点，为统筹推动农产品生产、产销衔接、流通运转、市场调控、质量安全等工作，确保“菜篮子”产品既产得出、运得走、不积压、不难卖，又要调得进、供得上、不脱销、不断档，须采取相应的措施。

（一）应急例会

每天上午10点召开例会，各成员单位汇报具体情况，每日汇总各部门做法（见附录五）。

（二）确定重点保供单位

1. 召开重点保供企业会议，提出保供要求，进一步明确责任。及时联系重点保供企业——四季农产品批发市场，根据保供需要，下达保供通知，并签订保供协议承诺书。

2. 向社会承诺

牵头组织八大商家、100多家商超连锁企业向社会共同发布“不涨价、保供应、稳安全”承诺。

3. 公布单位营业时间

通过媒体向居民公布市区主要的商超、菜市场营业时间，以方便市民出行购物（见附录六）。

（三）印发通行证保畅通

与公安交警支队印发“战疫情、保供应”通行证，并将其发放给相关企业，保证车辆畅通无阻，同时对企业使用通行证提出要求（见附录七）。

（四）市场供应

1．创新供应模式，无接触配送

为满足疫情防控期间市民生活必需品的购买需求，市商务局向全市大型超市、电商及配送平台发出倡议，推广“无接触配送”新模式，减少人与人之间密切接触，破解疫情期间商品保供难题。组织大润发、利群、家得福、华润苏果等大型超市、农产品流通企业及一些从事农产品、食品、日用品销售的电商企业推出线上下单、线下“无接触”配送服务，保障市民的“菜篮子”和“餐桌上的安全”。

据市商务部门不完全统计，全市各类电商企业每日为市民配送各类蔬菜、水果、粮油等食品及日用品 2 万多单，每天配送 2.6 万余件物品，配送金额超过 150 万元（见附录八）。

▲连云港市副市长、市公安局局长徐敦虎（右四）组织调度全市道路交通疏堵保畅工作

2．建立临时应急移动供应站

对因疫情严重而被封闭的小区，或因雨雪天气而供应不便的地方，组织调配公交车作为临时配送存放点，以解居民购物之需。

3．组织餐饮团餐配送

为做好新冠肺炎疫情的防控工作，有效避免人员密集就餐，防止群体性聚餐可能引发的风险，市商务局印发了《关于做好疫情防控期间连云港市团体餐饮保障工作的通知》，遴选玉兰饮食、尚班族、永连、爱玛妮、松霖等34家规模以上、具备集体用餐配送单位资质的餐饮企业，基本解决了奋战在一线的工作人员的就餐问题（见附录九）。

▲灌南移动供应站

◀连云港市商务局局长、党委书记商振江（左一）检查四季农产品市场保供情况

（五）及时解决“卖难”问题

市商务局采用“四招”缓解地产果蔬滞销。一是与市交通、公安部门协作，加强与山东临沭、日照高速出入口管控部门的联系，按照“定车定司机定绿色通行证”原则，最大限度保障农产品运输车辆的通行。二是协调四季农产品批发市场划出地产菜销售专区，免收各项费用，并组织批发商与生产大户对接收购。三是组织商超、市场等与生产大户对接，建立农超、农商、农批对接平台，搭建由近 200 家超市、菜市场、农庄、经纪人组成的微信购销平台，使一些滞销的蔬菜顺利上市销售。四是衔接全市 35 家平价商店，为菜农自销果蔬提供“专卖区”服务。

五、应急储备供应

加强猪肉、蔬菜等重要商品储备和供应，增强市场保供应急调控能力。

（一）应急储备商品内容

主要储备猪肉和大宗蔬菜产品：

1．政府储备肉：主要安排天缘、苏海、农投公司三家企业储备1000吨猪肉产品，商品应急保障供应7天以上（见附录十）。

2．政府储备菜：主要安排市批发市场储备大白菜、包菜、冬瓜、土豆、洋葱、萝卜等12种大宗易储蔬菜1500吨，商品应急保障供应7天以上（见附录十一）。

3．市场储备肉：及时了解掌握货源情况，主要由企业按市场原则储备3000吨。

4．市场储备菜：了解企业动态运行情况，主要由企业按市场原则储备大宗蔬菜30000吨。

（二）安排应急投放

由于疫情的发生，市场一时出现争购现象。为了平抑物价、整顿市场，安排政府储备肉投放，在14家商超设立了惠民专柜，猪肉价格低于市场价格10％以上。向开发区、徐圩新区等地复工企业投放政府储备肉，为企业做好生活服务。

（三）明确供应保障单位职责

1．按生活物资保障组下达的指令，立即确定供应商品的品种、供应的时间和地点，每天将指定商品迅速送达指定的商超专柜，按指定价格销售。

2．调集出库的商品，要保证质量安全。

3．每天及时汇报供应保障进展情况。

4．协调应急资金落实，对应急储备资金，及时向政府上报资金申请情况，争取资金及时到位。由于应对及时、方案可行，得到了政府领导的大力支持。根据《江苏省商务厅 江苏省财政厅关于开展疫情防控期间农产品保供企业申报工作的紧急通知》（苏商建〔2020〕41号）精神，联合市财政局积极向省厅申报补贴资金，极大地调动了农产品批发市场做好疫情防控期间各项保供工作的积极性（见附录十二）。

六、应急督查

建立督查机制，推动工作落实，发现问题与不足，及时纠偏整改。

1. 为保证生活物资商品及时到位，成立了两个应急督查组，加大督查力度。

2. 组织工作人员适时暗访，了解商品供应的成效与不足。

3. 对督查和暗访情况及时通报。

4. 邀请市领导视察应急保供市场，市主要领导、分管领导四次亲赴市场、超市检查工作，对应急保供提出要求。

5. 根据商务部、省商务厅对防疫的要求，及时下发文件，采取措施，落实具体要求（见附录十三）。

七、应急宣传

加强市场预期和舆情引导，把握宣传导向，适当开展正面宣传，重点向社会宣传政府在主要农副产品增产增收，保障粮油、肉、菜、蛋、奶、鱼等供给，平抑市场物价等方面的工作，客观反映当前农副产品生产、供应等实际情况，消除群众恐慌，防止和平抑市场炒作，合理引导市场预期。

重点关注和密切监测网络舆情动态，一旦发现不实的、负面的舆情，及时客观进行回应。

密切关注农户、商户和消费者的生产消费习惯变化，强化信息发布工作，有针对性地采取有效措施，引导农户合理生产，保障商品的流通渠道畅通，缓解农副产品结构性供需矛盾。

在《连云港日报》、连云港电视台、"连云港发布"微博等各种媒体上加大宣传力度，让广大市民及时了解市场保供运行动态，引导市民关注权威机构"战疫情、保供应"信息，避免引起恐慌情绪。

1. 我市八大商家承诺"不涨价、保供应、稳安全"活动。

2. 我市 45 家菜市场全部开门营业。

3. 我市 6 家商超推出"无接触配送"服务。

4. 我市 34 家餐饮企业被确定为团餐供应企业。

5. 我市批发市场免收地方菜市场费用。

6. 推出保供应先进人物事迹，树立学习榜样。

7. 及时编发简报，通报生活商品物资保障落实开展动态情况。

▲连云港市发改委党组成员、副调研员毛智勇巡查“菜篮子”市场供应及价格情况

8. 在电视台主要播出时间推出我市储备猪肉专柜惠民供应内容滚动字幕。

八、存在的主要问题

（一）“菜篮子”稳产保供工作有待加强

蔬菜产品结构问题比较突出，我市越冬蔬菜生产主要为设施番茄、西葫芦、茄子等，产品以外销为主，城乡居民日常消费的蔬菜如大白菜、辣椒、蒜苗等需大量外调。生猪短期内基础产能恢复的难度较大，受全国非洲猪瘟的影响，种猪“一猪难求”，很难找到优质种猪。农产品质量安全基层监管体系建设仍很薄弱，各类规模新型农业经营主体追溯体系建设有待加强。

（二）农贸市场管理有待规范

这次疫情防控工作，暴露出我市农贸市场硬件设施跟不上，卫生防疫消杀较差。农贸市场属地管理职责不够到位，属地在管理中投入力量不够，造成部分市场管理存在监管盲区。有的农贸

▲连云港市市场监管局正科职稽查专员于卫光（前排右一）检查农贸市场蔬菜等商品质量

市场只保留一个出入口，通风不良，客流量大，人员拥挤，管控不到位。

（三）生活物资运输效率有待提高

在早期疫情严管严控时，个别地方道路管控过于严苛，对持有生活物资运输通行证的车辆仍禁止其通行，存在政令不通的问题，影响市民生活物资的需求保障。管控政策存在不够细化和执行不统一的情况，有的地区和部门，特别是乡镇、村居执行政策时宽严不一，在一定程度上存在着加码从严情况，如承担保供任务的超市员工，从乡镇农村居住地到城里上下班受阻。根据疫情防控形势，近一阶段亟须畅通道路的时候，又无法及时疏通，有的地方不得不使用推土机清理路障。

（四）疫情初期出现物资抢购

疫情期间，市场上口罩和消毒液等处于紧缺状态，商户进货渠道不畅。经市场调研了解，疫情发生初期，我市掀起了四股抢购狂潮：第一次是抢口罩，第二次是抢菜，第三次是抢双黄连口服液，第四次是抢消毒液等。

九、问题的成因分析

（一）“菜篮子”生产基地规模偏小

虽然在当今物流高度发达的形势下，一个城市的“菜篮子”可以靠大量外地菜供给，但从根本上离不开当地菜的供应。这里既有消费需求结构的问题，也有市场供应均衡化的问题，更有平抑“菜篮子”价格的问题。我市 113 个生产基地，离满足市区 130 万人口多样化消费需求还有较大差距。

（二）农业产业化水平偏低

全市农业龙头企业体量偏小、数量偏少、带动能力不强，农产品产后商品化处理能力弱、品牌效应不强、产后经营链条不够

▲ 2020 年 3 月 2 日上午，全市最大团餐供应企业——玉兰饮食配送中心正式启动运营。建设过程中，市商务局及时衔接新奥燃气安装管道燃气，助力企业中央厨房建设

完善、菜民收益不稳定、政府风险补偿机制尚未有效建立起来等多方面因素导致农业产业化水平偏低。

（三）质量安全保障水平不高

质量安全保障水平受限于生产方式、发展阶段与管理体制。一方面，我市农业产业化程度偏低、生产规模偏小，给监管工作带来很大难度。另一方面，管理者、生产者农产品质量安全意识有待进一步提高，有的片面追求产量和效益，对农产品过度用药，导致农产品质量安全存在隐患。

（四）部门协作能力偏弱

疫情期间，虽然生活物资保障组为物资保障企业发放了“战疫情、保供应”绿色通行证，为超市、菜市场工作人员出具了工作证明，但有的地区、部门执行道路管控“一刀切”，没有形成部门合力共同应对困难，致使有的生活物资“进不去、出不来”，有的超市、菜市场 1/3 员工不能正常到岗上班，给疫情期间的保供工作带来很大障碍。

（五）市民对疫情的焦虑感上升

疫情初期的抢购潮，原因在于前期市民对新冠肺炎知识知之甚少，对政府管控疫情能力信任感不足，在信息不充分的情况下，以采取抢购物资的方式来追求个体的安全感，而一些自媒体上各种似是而非的信息泛滥，更放大了市民的焦虑心情，抢购潮正是这种焦虑心理的一种宣泄。

十、对策与建议

（一）大力推进生产能力建设，夯实“菜篮子”基础

充分发挥国家、省、市恢复生猪生产政策扶持作用，加快推

▲交警在恶劣天气下坚守岗位，“抗疫情、保畅通”

进 26 家投资新建的养殖、屠宰企业项目落地落实。完善生猪复产调度和督查考核机制，开展包片督导和挂钩服务工作。稳定和发展全市蔬菜、水产等“菜篮子”产品生产，优化蔬菜产业布局，培育种植面积 30 万亩以上、年产值 30 亿元以上的蔬菜园艺强县。推动完善“菜篮子”工作调控政策，加强价格波动统计监测，及时启动应急调控预案，稳定“菜篮子”产品市场供应。制定和完善“菜篮子”市场供求应急调控预案，确保极端天气下及重大情况时“菜篮子”重要产品不断档、不脱销。

（二）合力提升市场体系建设，规范“菜篮子”流通

加强“菜篮子”产品批发市场和社区零售网点建设，完善蔬菜产地市场功能，加强“菜篮子”产品流通基础设施建设，发展生鲜果蔬采后预冷设施、冷链仓储与物流配送一体化服务，提高流通效率、促进产销对接。强化农业生产源头管控，探索建立农业投入品生产经营诚信档案、农产品生产经营主体监管“黑名单”等制度，推进不合格农产品和病死畜禽无害化处理。试行食用农产品合格证制度，推进农产品质量安全监督监测和执法查处。

▲市场供应品种丰富，价格稳定

（三）补齐短板，提高农贸市场规范化管理水平

引导硬件设施薄弱的市场主办方加大资金投入，改造硬件设施，打造标准化市场。重点帮扶“拖后腿”市场，提升薄弱市场日常管理水平，做好市场交易秩序、环境卫生、食品安全、活禽售卖、肉菜溯源等方面的责任落实。落实《农贸市场新冠肺炎防控指南》要求，指导农贸市场主办方、经营户等扎实开展业务培训，打造以农发集团所属农贸市场为首的示范点，充分发挥示范点的标杆引领作用。压实各区（街道）属地管理责任与市场监管局督导责任，加强对农贸市场日常检查与各种专项整治，并派驻专员驻点，指导农贸市场主办方进一步完善相关管理制度，形成常态化、长效化管理机制。

（四）制定和完善应急预案

各部门应按照各自职责建立应急预案，并加强部门预案衔接。应急预案必须“全覆盖不留死角”，既要有政府部门的综合预案，也要有基层的专项预案。加强应急演练，突出整体联动，进行综合性的联合演练，形成高效的应急管理机制和应急协调机制。抓好应急救援队伍建设，提高应急人员的专业水平和现场处置能力。总结提升应急保供工作机制，优化工作流程，排除“堵点”，畅通“节点”，形成高效运行的“战时”机制。优化应急保供预案，形成标准化的“实操案例”，打造应急保供的“连云港范本”。

（五）建立滞销农产品处置机制

本轮新冠疫情爆发以后，我市草莓大面积滞销，给养殖户带来巨大的经济损失。为此，市委市政府高度重视，出台各种帮扶政策，用较短的时间基本解决草莓从养殖户“菜园子”到市民“菜篮子”的有效衔接。建议总结滞销草莓处置的成功经验，建立滞销农产品应急处置机制。

（六）将海鲜类冻货纳入政府和市场储备

我市作为海滨城市，海鲜种类丰富，特别是鱼类等利于冰鲜保存，建议根据地方特色，将海鲜类冻货作为政府和市场储备补充种类。

（七）做好应急物资储备

从政府到各基层单位，从工厂企业到每个家庭，倡导进行应急物资的储备。对重要的应急救援物资，政府部门应登记造册，并能随时调配，统筹做好应急物资储备调运，做到未雨绸缪。

（八）开辟“绿色通道”，确保调运通畅

统筹做好生活物资运输，将重要生活物资纳入应急运输保障范围，充分了解运输需求，为配送、调运创造条件，确保生活物资运输畅通。紧盯“人、车、物”等环节，强化公安、交通、商务等部门配合，提升物资供应效率，降低“最后一公里”物流时间。

十一、经验总结

（一）领导重视是应急保障的核心

这次新冠肺炎疫情爆发以来，从中央到地方各级领导高度重视。连云港市市委市政府主要领导直接抓落实，抗疫情工作取得了阶段性的成效，生活物资保障组有序且高质量地开展工作。主要体现在市级层面领导雷厉风行，各项部署、决策落实到位，形成了良好的运营机制，还体现在重视抓好日常的“菜篮子”生活物资保障体系的建立。我市“菜篮子”工程形成了良好的运行机制，特别是供给机制的形成，为市场有效供给奠定了良好基础（见附录十四）。

（二）加大投入是应急保障的根本

我市连续多年在居民“菜篮子”工程保供方面的投入超千万元。

（三）应急供应是应急保障的关键

从启动到保障供应，应急响应能够迅速形成并运行，得益于在日常工作中抓应急演练体系的建设。首先，要有完备的应急预案，保证在第一时间内启动应急预案。其次，建立健全应急管理组织体系，能够使突发事件的应对和处置有章可循，也能使各部门遵照预案，科学分工，认真履职，高标准、高质量地完成突发事件的应急管理工作（见附录十四）。

（四）部门配合是应急保障的基础

各部门按应急预案的职责要求，积极主动应对，全力做好

▲连云港市生活物资保障组集中办公人员合影

配合工作。建立统一领导、综合协调、分部门和分级负责的突发事件应对机制。按职能分工，认真履行职责，明确应急管理责任。在发生突发事件的情况下，能够快速行动，有效处置，如公安交警印发“战疫情、保供应”应急通行证及时到位。

（五）开展有效公关是应急保障的前提

要善用各种公共资源，有效开展公关。突发事件发生之后，我们采取沟通联络等措施，借助各种有效资源，如上级同级相关部门的支持、专家的建议、新闻媒体的正面宣传、社会组织的协助，等等。同时，有效地开展公关，尊重社会公众的知情权，使得突发事件的应急管理工作顺利进行。

附录一

国务院应对新型冠状病毒感染肺炎疫情联防联控机制关于压实“菜篮子”市长负责制做好农产品稳产保供工作的通知

（国发明电〔2020〕3号）

各省、自治区、直辖市人民政府，国务院各部委、各直属机构：

近期，在防控新冠肺炎疫情中，一些地方农产品生产运输销售受阻，部分养殖企业饲料供应短缺，给居民生活必需品供应带来较大影响。党中央、国务院对此高度重视。习近平总书记多次作出重要指示批示，强调要切实维护正常经济社会秩序，确保蔬菜、肉蛋奶、粮食等居民生活必需品供应。李克强总理多次安排部署，要求确保疫情防控物资和生活必需品等稳定供应。为贯彻落实党中央、国务院决策部署，进一步压实“菜篮子”市长负责制，切实抓好农产品稳产保供，坚决打赢疫情防控阻击战，现将有关事项通知如下：

一、严格落实地方属地责任

要强化地方首责，把“菜篮子”产品稳产保供作为一项重要政治任务，严格落实“菜篮子”市长负责制，地方政府特别是市级政府要负责辖区内蔬菜、肉蛋奶、水产品等供应，统筹抓好生产发展、产销衔接、流通运输、市场调控、质量安全等各项工作。加强监测预警，完善应急预案，搞好调剂调运。产区要保证本区域“菜篮子”产品产得出、运得走、不积压、不卖难；销区要主动对接产区，保证“菜篮子”产品调得进、供得上、不脱销、不断档。公开热线电话等问题反映和受理渠道，及时解决农产品稳产保供中存在的突出问题，力戒形式主义、官僚主义。

二、抓好“菜篮子”产品生产

要积极引导种植大户、合作社等规模经营主体开展互助合作、错峰采收，解决蔬菜生产用工难、用工贵问题。抓好“南菜北运”基地和北方设施蔬菜产区蔬菜生产，扩大市场供应量。大力发展工厂化育苗，缩短蔬菜生长周期，大中城市周边适当发展速生叶菜、芽苗菜，加快成熟上市。加快恢复生猪生产，及时做好畜禽补栏，毫不放松抓好非洲猪瘟、禽流感等重大动物疫病防控。推进水产品绿色健康养殖，保障水产饲料和苗种供应。加大蔬菜农药、禽蛋和水产品兽药残留监测监管力度，切实守好“菜篮子”产品质量安全底线。

三、保障道路运输通畅

要落实好鲜活农产品运输“绿色通道”政策，维护正常市场流通秩序。把粮油、蔬菜、肉蛋奶、水产品等农产品纳入疫情防控期间生活必需品保障范围，除必要的对司机快速体温检测外，对运输车辆严格落实不停车、不检查、不收费等优先便捷通行措施，确保区域间快速调运，必要的地方可设立农产品运输“接驳区”。畅通农业生产资料物流通道，不得拦截蔬菜种苗、仔畜雏禽及种畜禽、水产种苗、饲料、化肥等农资运输车辆。对承运的企业和车主，地方财政可适当给予补助。

四、促进农产品流通销售

各地要支持有条件的加工销售企业和冷链物流企业扩大鲜

活农产品收购，有序组织市场投放，防止出现卖难和断供。充分发挥流通企业、电商平台作用，推进批发市场、物流配送和销售终端互联互通，实现从批发到零售的有机衔接和高效运转。有序组织批发市场、商场超市、社区门店等商业网点复工开业，增加"菜篮子"产品货架种类、数量，保障市场供应和价格基本稳定。

五、加强活禽交易市场分类管理

各地要按照依法依规、分类管理、精准施策的要求，加强活禽交易市场管理，提高本地区禽肉产品供给保障能力。对正常开放的，明确开办者和销售者责任，完善经营设施条件，加强监管排查，严格落实按时清洗消毒、定期休市、过夜零存栏等管理措施。对因防范疫情暂停交易的，通过集中屠宰、产销对接等方式，建立"点对点"活禽销售通道，帮助养殖场户解决活禽屠宰上市问题。对有条件和已实行永久性关闭的，统筹谋划禽肉、猪牛羊肉及其他"菜篮子"产品供应，加强产加销对接，提升产业链质量，完善配送体系，推行冰鲜和冷冻肉类上市，保障居民消费。

六、加快养殖行业上下游企业复产

要着力解决养殖场户断粮、缺料、缺药等突出问题，推动饲料、屠宰等养殖行业上下游企业尽快复产复工，促进养殖业健康发展。加大玉米等储备粮投放，加快豆粕等生产企业开工，保障大宗饲料原料供给。将饲料、种畜禽、兽药、畜产品包装材料等生产企业列入复工复产重点企业名单，加快复工复产。不得关闭正常经营的屠宰场，支持合法合规的屠宰场尽快复工。

七、加快信贷支持政策落地

要及时将与疫情防控重点物资保障相关的饲料、种畜禽及种子（苗）、屠宰、奶业、"菜篮子"产品等骨干生产企业纳入国家专项再贷款和贴息政策支持范围，严格名单制管理，组织开展银企对接，细化实化具体措施，将专项再贷款和贴息资金尽快落实到位，确保专款专用。

八、强化部门协同配合

要充分发挥联防联控机制作用，落实“菜篮子”食品管理部际联席会议制度，切实提高政治站位，强化部门协作，形成工作合力。发展改革、公安、财政、交通运输、农业农村、商务、卫生健康、人民银行、市场监管、银保监等部门要各司其职、密切配合，把疫情防控和稳产保供各项政策举措不折不扣落到实处，确保居民生活必需品供应，维护正常经济社会秩序。

国务院应对新型冠状病毒感染肺炎疫情联防联控机制

2020年2月12日

附录二

商务部、江苏省防控新型冠状病毒感染肺炎疫情工作领导小组、江苏省商务厅文件

商务部办公厅关于进一步强化生活必需品市场供应保障工作的通知

（商运电〔2020〕78号）

各省、自治区、直辖市、计划单列市及新疆生产建设兵团，副省级省会城市商务主管部门：

新型冠状病毒感染肺炎疫情发生以来，各地认真贯彻落实党中央、国务院重要决策部署，快速采取行动。保障生活必需品市场供应，取得了积极成效。目前，受春节假期延长，人员陆续返城叠加影响，大中城市生活必需品需求不断增加，局部物流不畅，中小企业开门营业不足，生活必需品保供面临的局面更为复杂，任务更加艰巨。各地要深入贯彻习近平总书记重要讲话和指示批示精神，坚决把思想和行动统一到党中央、国务院决策部署上来，按照全国商务系统应对疫情电视电话会议和全国应对疫情生活物资保障工作视频会议要求，进一步落实好粮食安全省长负责制和“菜篮子”市长负责制，坚持底线思维，压实工作责任，千方百计保障生活必需品市场供应，切实满足人民群众基本生活需要。现将有关工作通知如下：

（一）**压紧压实组织领导责任**

各级商务主管部门要在当地党委、政府统一领导下，主要负责同志坚守岗位，靠前指挥，立即组织工作人员尽快到岗到位，调配精兵强将，充实防疫保供工作力量。要摸清一线市场最新最实的情况，发现问题及时组织解决。要根据防疫保供新形势新变化，调整工作方案，完善应急预案，采取有效举措，争分夺秒保障生活必需品市场供应跟得上、不脱销、不断档。

（二）**强化细化联保联供机制**

要发扬“一方有难，八方支援”精神，进一步加强9省区市联保联供协作机制和31个省区市商务主管部门疫情联防联控应急工作联络机制作用，筑牢保障“疫情严重区域”市场供应防线，主动作为、积极支持湖北特别是武汉做好生活物资保供工作。湖北商务厅和武汉商务局要做好市场保供与疫情防控政策衔接，研究落实二次物流方式在交通枢纽地带设置对结点，衔接各地调配物资。武汉市商务局要强化与公安、交通等部门的密切协作，迅速打通生活物资调配至零售终端的物流通道。周边及主产地区商务主管部门要加强与湖北、武汉统筹协调，组织骨干企业保障供应，做好跨区调运工作。要在物资调运前，与湖北省及武汉市做好沟通对接，安排生活物资高效有序落地，确保货源供应调得快、用得上。各地一旦出现区域性生活必需品断档脱销，要第一时间提出需求，商务部将立即组织对接，推动协调解决。

（三）**动员企业及时开门营业**

要继续发挥好大型商贸骨干企业市场保供示范带头作用，全面组织动员中小商贸流通和居民生活服务企业，在做好疫情防护的前提下，通过临时顶岗、合理排班、动态调岗等灵活措施，统筹安排人员上岗，持续提供购物、餐饮、卫生保洁等基本生活服务。要指导商超等流通企业增加补货频次，充实蔬菜等鲜活商品上架。既要细化分类保关键，增加蔬菜特别是土豆、白菜等耐储蔬菜的供应，又要集中力量保重点，增加粮油、肉类、方便面、瓶装水、口罩等生活必需品市场供应。

（四）不折不扣做好市场监测

要切实执行好“生活必需品市场”日报监测、应急商品数据库日报、生活必需品供求情况报送、31个省区市生活必需品市场异常情况零报告等重要制度，摸清蔬菜等12种重点生活必需品货源底数和对接方式；及时掌握和报送当地生活必需品市场供求变化。发现集中抢购、脱销断档等异常情况，要第一时间处置并上报，没有异常情况也要每日按时报告。对重大异常波动不报、缓报、漏报、瞒报的，要提请相关部门严肃追责，严肃处理。要加强趋势预测，对市场走势及早研判，提出预案，不断提高监测灵敏性、及时性、有效性和前瞻性。

（五）做实做细货源对接调运

要加强货源组织，尽快落实一批连锁集团公司等储备规模大、物流配送能力强的应急保供骨干企业，明确公布一批应急商品投放网点，指导督促商贸流通企业进一步拓宽货源，加大采购力度。要充分发挥农产品批发市场促进农产品集散、把关农产品质量、保障城市农产品供应的作用。要积极发挥大型电商平台筹措物资、对接产销的作用。要指导具有资质和能力的企业积极开拓进口渠道，及时组织进口。要协助超市、商场等零售企业，特别是中小企业与生活必需品批发市场高效对接。

要抓紧解决部分地区物流配送“最后一公里”受阻等问题，在本地区生活物资保障组的统一协调下，加强与本地区各部门横向协作，共享信息、互通资源，集中协调解决流通企业在交通运输、物流配送等方面的问题，畅通生活必需品运输配送渠道。对于哄抬物价、囤积居奇等市场投机行为，要严厉打击，绝不姑息。

（六）加强宣传做好内部防控

要切实加强宣传引导，密切关注舆情变化，做好宣传方案，充分发挥新媒体传播快的优势，及时准确报道本地市场供应情况，实事求是地宣传保供稳价成效。要组织指导企业积极正面发声，采取安民告示等多种方式，切实提示顾客不要恐慌、理性购买，稳定社会预期，增强民众信心。要制定周密方案，采取严格措施，切实落实单位内部人员疫情防控和企业经营场所通风、消毒、人流疏导等措施，保障各级商务部门和企业人员安全健康，确保生活必需品供应持续不断、高效安全。

各地商务主管部门要统一思想，提高站位，充分认识做好生活必需品供应保障、稳定社会预期等工作的极端重要性，切实增强紧迫感和责任感，扎实做好各项工作，有关情况请按要求及时上报商务部（市场运行司）。

联系人：市场运行司调控处　　010-85093851/3861（传真）tiaok_scyx@mofcom.gov.cn

市场运行司统计监测处　　010-85093841/3096（传真）jiancechu@mofcom.gov.cn

商务部办公厅

2020年2月1日

商务部办公厅关于做好疫情防控期间生活物资对接调运保供有关工作的通知

（商建电〔2020〕87号）

各省、自治区、直辖市、计划单列市及新疆生产建设兵团商务主管部门：

当前，保障物流通畅是做好疫情防控期间生活物资保供工作的重要前提。2月4日，全国防控物资暨春运错峰返程运输保障电视电话会议明确要求，要全力做好生活物资保障工作，切实保障好人民群众的正常生活。为加快解决疫情防控期间生活物资对接调运保供工作中存在的问题，现就有关事项通知如下：

一、加强运输保障政策宣传

交通运输部于近日下发《关于切实保障疫情防控应急物资运输车辆顺畅通行的紧急通知》（交运明电〔2020〕37号），提出了进一步简化通行证办理流程、将重要生活物资纳入应急运输保障范围等措施。公安部下发通知要求保障疫情防控应急运输车辆优先通行，为疫情防控应急运输车辆提供通行便利。各地商务主管部门要通过行业协会、新闻媒体、互联网等多种渠道和方式加强政策宣传解读，确保相关流通企业熟知有关便利通行政策。

二、指导流通企业严格按要求开展运输

各地商务主管部门要指导相关流通企业按要求办理《新型冠状病毒感染的肺炎疫情防控物资及人员运输车辆通行证》等手续，充分利用免费通行、绿色通道、“三不一优先”等便利政策，严格遵守卫生检疫、交通管控等要求，高效、合规做好生活物资运输工作，切实提高对接调运保供质量和效率。

三、帮助流通企业解决实际困难和问题

各地商务主管部门要深入调查研究，及时了解掌握生活物资对接调运保供中遇到的困难和存在的问题，积极帮助企业协调卫生健康、交通运输、公安等部门落实好政策，对生活物资对接调运保供中存在的共性问题及其他重要问题，要第一时间向商务部报告。

联系人及联系方式：商务部市场建设司　李琛

电话：010-85093705　传真：010-85093680

商务部办公厅

2020 年 2 月 6 日

商务部办公厅 财政部办公厅
关于疫情防控期间进一步做好农商互联
完善农产品供应链体系的紧急通知

（商办建函〔2020〕53号）

内蒙古、辽宁、黑龙江、江苏、浙江、山东、河南、湖北、湖南、广东、广西、重庆、四川、贵州、陕西商务、财政主管部门：

2019年，财政部办公厅、商务部办公厅印发《关于推动农商互联完善农产品供应链的通知》（财办建〔2019〕69号，以下简称《通知》），在两年内支持农产品流通企业与新型农业经营主体进行深入对接，构建农产品现代供应链。为贯彻落实党中央、国务院决策部署，充分发挥中央财政资金效益，支持做好新型冠状病毒感染肺炎疫情（以下简称疫情）防控期间农产品市场供应，现就有关事项紧急通知如下：

一、高度重视，支持农产品流通企业做好应急保供工作

农产品批发市场、生鲜超市、菜市场、农产品仓储物流企业等流通企业是疫情防控期间保障生活必需品供应、促进价格稳定的重要载体。各地要在《通知》基础上，根据本地疫情防控需要，视情增加支持农产品市场保供的方向，中央财政资金在同等条件下，向在疫情防控中承担保供任务的农产品流通企业倾斜，支持做好货源组织、储备和对接调运，确保蔬菜等重要农产品供应链不断链，切实保障市场供应。

二、因地制宜，科学制定资金支持方案

各地可根据本地实际情况，在2019—2020年服务业发展资金支持农商互联工作事项中合理安排一定比例资金用于支持保供工作，相关资金不受《通知》中70%资金比例用于支持产地商品化处理设施和农产品冷链物流的限制。支持方向主要包括农产品流通企业在承担保供任务中发生的运费、租金、保供储备、冷链、防疫以及供应链中断恢复过程中发生的相关费用补贴，具体支持方向、方式、比例及标准由省级商务和财政主管部门确定，有关支持方案报商务部、财政部备案。

三、突出重点，切实发挥保供作用

中央财政支持疫情防控期间市场保供，目的是调动农产品流通企业积极性，做好蔬菜等生活必需品市场保供工作。各地要认真制定支持方案，重点支持有较强实力，疫情防控期间发挥保供作用大，尤其是对湖北、广东、浙江等保供任务较重的地区发挥突出作用的企业。要严格落实主体责任，建立健全资金管理制度，完善事前、事中和事后全过程监管，在应急需要时及时拨付使用，务必保障财政资金的使用效率和安全。此前已经确认支持的农商互联项目和资金，继续按照《通知》要求执行。

各有关省份商务、财政主管部门要统一思想，提高站位，积极行动，主动作为，全力支持、引导农产品流通企业做好疫情防控期间市场保供工作，有关问题和情况及时上报。

联系人：

商务部市场建设司：

电话：010-85093691　010-85093664　传真：010-85093695

E-mail：jsbiaozhunchu@mofcom.gov.cn

财政部经济建设司：

电话：010-68552794　010-68552524　传真：010-68552578

E-mail：mof_syc@126.com

商务部办公厅　财政部办公厅

2020 年 2 月 11 日

商务部办公厅关于进一步做好疫情防控期间农产品产销对接工作的通知

（商建电〔2020〕103号）

各省、自治区、直辖市、计划单列市及新疆生产建设兵团商务主管部门：

近期，受新冠肺炎疫情影响，部分地区农产品出现滞销问题。为贯彻落实党中央、国务院决策部署，做好疫情防控期间产销对接工作，切实保障市场供应和农产品正常销售，畅通农产品“出村进城”渠道，现就有关事项通知如下：

一、分析研判，做好农产品滞销风险的预警防范

各地商务主管部门会同农业农村、发展改革、交通运输、卫生防疫等部门对现阶段本地区农产品生产、销售、收储、加工等情况进行全面摸底排查。对于受疫情影响出现滞销苗头的农产品，制定应急方案，落实保障措施，明确工作责任。对于存在滞销风险的农产品，要深入了解生产企业、农民合作社等生产经营现状，提前摸清采收、分拣、包装、运输、销售、商业库存及政府储备等情况，依托大数据等现代信息技术，做好本区域内和跨区域的产销对接，及时提供相关政策引导和服务保障。

二、压实属地责任，积极采取措施化解本地区农产品"卖难"问题

各地商务主管部门要坚持属地原则，落实地方主体责任，准确分析产销形势，统筹协调好本地区的市场供应与农产品销售。要坚持精准施策，做好应急保障兜底，千方百计为农民、市民解决实际困难。一是要有效利用区域内农业资源，组织好当地农产品流通，加强主要消费城市与周边产区的对接，确保鲜活农产品能够产得出、运得进、送得到。二是鼓励各地综合采取多种措施，提高收储能力，协调财政等部门，通过补贴、贴息、政府储备等方式支持流通企业在产地和销地增加商业库存，充分发挥冷库等仓储设施的"蓄水池"作用，对滞销农产品上市进行错峰调节。三是要充分发挥市场作用，及时发布应季农产品上市信息，充分利用信息化手段协调组织大型批发市场、连锁超市、电商平台等与农业生产经营主体开展线上精准对接。四是进一步扩大机关、学校、医院和企事业单位集中采购本地区农产品的规模，推广以购代捐等帮扶措施促进销售。

三、聚焦贫困地区，多措并举带动农产品销售

各类农产品流通企业要与贫困地区生产基地、龙头企业、农民合作社加强合作，优先销售贫困地区农产品。农商互联有关省份可根据本地疫情防控需要，中央财政资金在同等条件下，向在疫情防控中承担任务的农产品流通企业和贫困地区倾斜，支持做好货源组织、储备和对接调运，确保蔬菜等重要农产品供应链不断链。大型农产品批发市场和公益性农产品示范市场要发挥调节器和蓄水池作用，采取减免费用、设立专区、便利证明开具程序等方式，承担起本地区保障市场供应和农产品销售的责任。电商企业要通过扶贫频道、专区、直播带货等多种渠道提供流量支持，开通农户入驻绿色通道，拓宽滞销农产品销路；要提供针对性培训课程和服务，加大对疫情严重地区、滞销地区商户的针对性帮扶，减免培训费用，提供运营诊断等服务。物流企业要引导物流资源向滞销地区倾斜，针对滞销产品降低物流配送费用。

四、加强沟通协调，确保各项政策措施落实到位

各地商务主管部门要在当地党委、政府的统一领导和指挥下，不折不扣地落实好党中央、国务院各项决策部署，把各部门近期出台的各项保障农产品“出村进城”政策措施落到实处。要按照职责分工，加强与发展改革、公安、财政、交通运输、农业农村、卫生健康、市场监管等部门的协调配合，合力推进农产品产销对接相关工作。各地应结合本区域特点，有序组织农产品流通领域各类企业复工，保障农产品生产、储存、物流、批发、零售各环节的正常经营。

五、及时报送情况，利用线上对接拓宽农产品销售渠道

各地如出现大范围农产品滞销问题，涉及跨区域调运对接或运输的，要及时上报，商务部将予以积极协调。各级商务主管部门也可通过以下途径发布农产品滞销等情况。手机端用户，可下载“一亩田”等 APP 或在微信中搜索“一亩田”等小程序，点击“抗击疫情”专栏就直接报送“卖难”“买难”以及“运输难”相关信息。PC 端用户，可登陆“农蔬疏”（http://www.52nong.cn）等网站发布上述信息。

联系人：商务部市场建设司　于跃

010-85093679（电）85093695（传）

“一亩田”平台　欧连维　15201348556（微信同号）

“农蔬疏”平台　楼晓寅　13305712068（微信同号）

商务部办公厅

2020 年 2 月 13 日

江苏省新型冠状病毒感染的肺炎疫情防控工作领导小组办公室关于做好疫情防控期间生活物资和防护用品供应的紧急通知

（苏肺炎防控〔2020〕9号）

各市、县（市、区）人民政府，省各有关部门和单位：

为贯彻习近平总书记关于新型冠状病毒感染的肺炎疫情防控工作作出的重要指示精神，落实我省新型冠状病毒感染的肺炎疫情防控工作领导小组最新会议精神，以及国务院应对新型冠状病毒感染的肺炎疫情联防联控机制生活物资保障组的工作要求，做好新型冠状病毒感染的肺炎疫情应对工作，保障人民群众基本生活需求，现将有关事项通知如下：

一、加强市场监测和预期引导

各地各有关部门要迅速开展调查摸排，全面及时准确掌握本地生活必需品市场供求和商业储备情况。落实日监测制度，加强对全省423家重点流通企业、骨干农贸市场生活必需品供应情况监测，一旦发现市场异常波动，出现集中抢购、断档脱销等异常情况，及时启动应急预案，采取有效应对措施，保障市场供应和价格稳定。要通过新闻媒体定期公布市场供需情况，加强市场预期引导，避免出现抢购现象。

二、组织动员农贸市场恢复营业

商务、市场监管等部门要发动各地农贸市场尽快恢复正常营业，特别是国有及国有控股农贸市场应当充分发挥骨干带头作用。要组织市场经营户增加蔬菜供应量，特别是叶菜的供应。卫生监督部门要指导农贸市场做好疫情防控。

三、依托大型批发企业稳定货源

充分发挥众彩、凌家塘、朝阳、南环桥、通农等重点农产品批发企业作用，切实保障本地粮、油、肉、蛋、菜、水果等品种的市场供应。各相关部门要协同配合，切实解决交通、仓储、防疫等方面问题，鼓励骨干经营户积极备货，稳定市场供应。

四、加大商超生活必需品供给能力

商务部门要动员苏宁易购、苏果超市、大润发、盒马鲜生、永辉、每日优鲜等大型连锁企业，加大生鲜、副食品、方便食品市场供应，并根据市场需求增加配送频次，加强补货补柜。引导苏宁、京东、阿里等大型电商企业做好生活必需品的调运和供应。注重线上线下结合，通过网订店取、线下配送等方式方便群众采购。

五、增加防护用品的市场供应

工信等部门要积极动员口罩、消毒、空气净化、体温测量等卫生防护用品生产企业尽快恢复生产，并切实解决生产原料供应不足等问题，帮助企业迅速扩大产能，增加市场供应。商务部门要引导进口企业紧急扩大相关产品进口，并组织流通企业与生产企业对接，畅通销售渠道，确保相关产品尽快投放市场。

六、强化煤电油气运保障

各地要充分发挥煤电油气运保障工作协调机制的作用，强化对煤电油气运的动态监测，及时协调解决跨地区、跨部门、跨行业的重大问题，全力以赴做好保障工作。各发电企业要加强煤炭储备，保证电煤库存 15 天以上，并确保发电机组按负荷需求发电；电网企业要保证设备处于良好状态，提高设备安全可靠性，满足用电需求；天然气资源企业要确保充足的供应，满足市场需求；各成品油供应企业要及时调配油品资源，满足汽柴油市场供应。要确保电力、天然气及运输能力的供给，保证企业满负荷生产所需要素的配置。

七、确保绿色通道安全畅通

各运输企业要增加运力，充分发挥多种运输方式的互补作用，及时采取措施，确保各类物资安全运输，特别要统筹安排好生活必需品和防护用品等重点物资的运输。交通部门要在高速公路出入口设立绿色通道，优先放行运输禽、肉、蛋、奶、菜等生鲜农产品和防护用品的车辆。要采取有效监测、防护措施，确保绿色通道安全、畅通。

八、加强市场秩序监管

市场监管部门应加强对生产和经销企业的质量监督，严禁活禽销售，严禁任何形式的野生动物交易活动。严禁捏造散布涨价信息、哄抬价格、囤积居奇、相互串通操作市场价格等违法行为。严禁发布出售、购买、转让野生动物及制品广告。社会各界发现上述违法行为的，可通过 12315 热线或平台举报。

江苏省新型冠状病毒感染的肺炎疫情防控工作领导小组办公室

2020 年 1 月 29 日

江苏省商务厅关于做好商务领域新型冠状病毒感染的肺炎疫情应对工作的通知

（苏商运传〔2020〕56号）

各设区市商务局，昆山市、泰兴市、沭阳县商务局：

为贯彻落实习近平总书记关于新型冠状病毒感染的肺炎疫情防控工作作出的重要指示精神，根据全国商务系统应对新型冠状病毒感染肺炎疫情电视电话会议的要求和省委省政府的统一部署，做好我省商务领域应对新型冠状病毒感染的肺炎疫情工作，现将有关事项通知如下：

一、提高政治站位，强化组织领导

各地商务主管部门要对疫情应对工作的极端重要性和紧迫性始终保持清醒认识，切实把市场保供、疫情防控作为当前最重要、最优先的政治任务，坚持底线思维，做最坏打算、最充分准备。一把手要坚守岗位、靠前指挥，亲自抓、负总责；要在各地党委、政府的统一指挥领导下，迅速组建应对工作领导小组，强化机制建设，完善工作方案，细化应急预案，明确重点任务、工作措施、职责分工，采取更果断、更有力、更科学的举措，切实将中央决策以及省委省政府工作部署落地落细落实。

二、切实保障供应，满足群众需求

各地商务主管部门要突出生活必需品供应重点，指导商贸流通骨干企业积极备货，合理安排市场供应。一是充分发挥各地重点农产品批发企业作用，切实保障本地粮、油、肉、蛋、菜、水果等品种的市场供应；二是引导大型电商企业，做好群众生活必需品的调运和供应；三是依托重点连锁商超，加大瓶装水、方便食品、口罩、消毒用品等重要防护用品、生活必需品的市场储备和供应；四是及时发现哄抬物价、囤积居奇等市场投机行为，配合相关部门进行坚决打击。

三、加强市场监测，引导社会预期

各地商务主管部门要全面及时准确掌握当地生活必需品市场供求情况，做到底数清、情况明，并对下一步市场走势及时做出分析研判。加强对全省 423 家重点流通企业生活必需品供应情况和储备情况的监测，不折不扣完成市场情况日报，供求情况周报等信息报送任务，严格执行市场供应异常情况每日零报告制度，发现集中抢购、脱销断档等异常情况要第一时间妥善处置并及时上报。充分利用新闻媒体，择时择机准确报道市场供应情况，积极宣传保供稳价成效，稳定社会预期，增强民众信心。

四、突出重点场所，做好疫情防控

各地商务主管部门要引导商场、超市、农贸市场等人员密集场所加强卫生检疫。严格执行工作人员戴口罩上岗制度，落实岗前体检监测，密切关注员工健康状况。张贴醒目标志，提醒消费者进入公共场所佩戴口罩，做好个人防护。暂停举办公众聚集性的促销活动。配合相关部门加强对农（集）贸市场排查，严禁活禽宰杀销售，严禁非法养殖、加工、经营交易各类野生动物，坚决打击违法违规行为。加强农（集）贸市场通风，做到每日清洗消毒。配合相关部门做好餐饮店、家政服务企业疫情防控工作。

五、加强协同配合，做好内部防控

各地商务主管部门要加强与本地发展改革、工业和信息化、财政、交通运输、卫生健康、外事、粮食和物资储备等部门横向协作，共享信息，互通资源，形成合力。要监测收集出口企业和外资企业受疫情影响的情况，会同有关部门，积极帮助企业克服疫情造成的暂时困难。指导对外经济合作企业加强疫情防控，在向境外派出人员前，严格按照要求进行体检。要保持高度警惕，认真做好本单位疫情防控工作，制定工作预案，加强疫情监测，采取有效措施，切实保障商务战线人员的安全和健康。

联系人：彭程　电话：025-57710390，18852052262

传真：025-57710386　邮箱：jssswtyxc@163.com

江苏省商务厅

2020 年 1 月 27 日

江苏省商务厅
关于组织发动农贸市场恢复营业的紧急通知

（苏商建传〔2020〕57号）

各设区市商务局，昆山市、泰兴市、沭阳县商务局：

按照省委省政府和省应对疫情工作领导小组的要求，全省商务部门要积极做好防控新型冠状病毒感染的肺炎疫情期间生活必需品的市场供应工作，由春节市场保供转向应急保供。为切实解决生鲜产品零售端供应不足的问题，切实保障人民群众基本生活需求，现将有关事项通知如下：

一、组织发动各地农贸市场于1月30日（正月初六、星期四）早市前恢复营业，特别是国有及国有控股、骨干农贸市场必须全部恢复营业。

二、动员农贸市场加强与农批市场的产销对接，组织市场经营户增加蔬菜供应量，特别是叶菜的供应。

三、加强农贸市场疫情防控。市场经营管理方应落实疫情防控主体责任，在入口处对消费者进行防疫提醒，劝阻有发热、感冒、咳嗽等呼吸道感染症状的消费者进入，有条件的农贸市场应设置体温检查设施。严格执行工作人员戴口罩上岗制度，落实每日岗前检测。张贴醒目标志，提醒消费者进入公共场所戴口罩，做好个人防护。做好农贸市场的通风、换气管理，加大清洗消毒频次。

四、加强农贸市场整治。严禁活禽宰杀销售，严禁非法经营交易、屠宰加工各类野生动物。配合市场监督部门、农业农村部门开展联合检查，坚决打击违法违规行为。

五、各地商务部门要按照应急保供的总要求，突出重点区域、重点环节、重点部位，深入督导检查，并于1月30日18:00前报送农贸市场开业统计表。

附表：农贸市场恢复营业统计表

江苏省商务厅

2020年1月28日

附表：

农贸市场恢复营业统计表

填报单位：　　　　　　　　农贸市场总数：

农贸市场名称	恢复营业时间	市场负责人	联系电话

江苏省商务厅关于充分发挥电子商务作用助力做好应对新型冠状病毒感染肺炎疫情市场保供等工作的通知

（苏商电传〔2020〕59号）

各设区市商务局，昆山市、泰兴市、沭阳县商务局：

为深入贯彻习近平总书记重要讲话精神，按照省委省政府的决策部署和省应对疫情工作领导小组的工作安排，现就充分发挥电子商务作用、指导督促电子商务企业做好应对疫情商品供应工作有关事项通知如下：

一、全力加强物资组织和保障市场供应

电子商务具有远程交易、物理隔离的重要特点，既能满足群众生活需要又能缓解人员聚集压力。各地商务主管部门要充分认识电子商务对保障市场供应、维持价格稳定、防控疫情扩散、保持社会稳定的重要作用，将指导督促电子商务企业开展防疫保供作为当前电子商务工作的首要任务。要充分发挥电子商务进农村综合示范县、电商镇、电商村和电商示范园区（基地）、示范企业的作用，强化蔬菜、禽蛋、肉类等生活必需品和口罩、消毒液等医疗物资的组织，帮助解决物流配送等困难和问题。要指导相关电商企业利用消费大数据，加大江苏地区网销生活必需品和医疗物资等商品备货和调运组织，尽最大努力满足当地群众防疫和生活需要。要引导各电商企业发挥自身渠道优势，通过积极扩大进口、全力协调供应商、挖掘产业链潜能等方式，千方百计增加货源和保障供应。

二、着力维护良好网络市场秩序

各地商务主管部门要配合市场监督管理等部门加强疫情防控期间的网络市场秩序管理，加大对电商企业依法开展经营活动的宣传力度，指导督促本地区电子商务企业根据运营成本变化合理确定商品销售价格，切实保证平台内经营的疫情防控物资和生活必需品价格处在合理区间。要指导督促电商企业主动承担社会责任，不囤积居奇，不哄抬物价，不以次充好，不制假售假，不捏造、散布涨价信息及实施其他违反价格法律法规的行为。如发现相关商品价格异动，要依法采取相应措施，并及时通报当地市场监管等部门。请各地商务主管部门于 2 月 1 日前将指导督促本地区电子商务企业采取措施防控价格异动情况以及防控成效报省厅电商处。

三、借助电商平台宣传防控措施

各地商务主管部门要充分发挥电商直播、网络主播等的网络宣传优势，坚决抵制谣言散布，不信谣、不传谣，积极传播正能量，传播防疫知识，宣传科学管控举措，营造良好舆论氛围，共同维护社会公共秩序和网络清朗空间。

四、积极推广智能快递等电子商务新业态应用

各地商务主管部门要充分发挥电子商务买卖双方物理空间隔离优势，鼓励和引导电商企业提高信息化智能化应用水平，促进智能快件箱（柜）等智能末端服务设施加快运用。引导电商企业共享末端服务设施，为用户提供便捷的快递末端服务。

推广全自动、半自动分拣装备和智能标签识别等快递分拣技术的应用，加大快件在线监测、实时跟踪技术的投入和使用，推广使用智能化手持终端，探索开展“无接触配送”，减少人与人之间密切接触。

五、认真做好企业自身疫情防控

各地商务主管部门要指导督促本地区电商企业严格按照相关要求，认真做好企业自身疫情防控工作，做好内部卫生管控，采集、运输、仓储、分拣、配送等各环节要加强环境卫生管理，做好消毒灭菌工作，发现疫情要及时准确向有关部门报告。配合有关部门强化快递、外卖等配送人员防护，确保供应链安全。

各地商务主管部门要与省厅电商处加强沟通，及时报送工作中存在的问题，抓紧梳理总结好经验、好做法和电商应用新模式等。

联系方式：熊翔：025-57710242　18921151688

张惟佳：025-57710020　13912948222

传真：025-57710441

江苏省商务厅

2020 年 1 月 30 日

江苏省商务厅新型冠状病毒感染的肺炎疫情防控工作领导小组关于加强商业场所新型冠状病毒感染肺炎疫情防控工作的通知

（苏商肺炎防控传〔2020〕1号）

各设区市商务局，昆山市、泰兴市、沭阳县商务局：

根据省防控新型冠状病毒感染肺炎疫情工作领导小组会议、全省疫情防控工作电视电话会议精神，现对做好近期超市商场、城市商业综合体、农贸市场、餐饮场所等商业场所疫情防控工作通知如下：

一、落实防控工作职责

要坚决落实习近平总书记重要指示精神、李克强总理重要批示精神和省委省政府统一部署，把人民群众生命安全和身体健康放在第一位，充分认识当前疫情防控形势的复杂性、严峻性，切实履行部门监管责任，督促落实企业主体责任和行业协会自律责任，全面落实早发现、早报告、早隔离、早诊断、早治疗的措施。

二、落实防控工作措施

（一）复工前防控措施

1. 对全体员工进行身体状况和暴露史排查。督促指导企业开展全体员工休假期间的出行情况调查，全面掌握员工是否离苏及前往地点、是否乘坐过公共交通工具（飞机、高铁、大巴等）、身体状况是否良好、是否与发热病人有过密切接触、是否接触过野生动物等情况。

2. 对从疫区返回人员实行隔离观察。对从湖北省返苏或去过其他本地病例持续传播地区的员工，登记并随访其健康情况，并要求独居隔离 14 天，每天 2 次汇报体温和其他健康状况，解除隔离前不得复工。一旦出现发热等呼吸道症状者，应及时就医，如被确诊为新型冠状病毒感染的肺炎确诊病例，治愈出院后方能复工。

（二）营业中防控措施

1. 加强室内空气流通。营业场所首选自然通风，尽可能打开门窗，保证室内空气卫生质量，建议每日通风 2—3 次，每次不少于 30 分钟。使用集中空调通风系统的场所，仅限采用全新风方式运行的，或装有空气净化消毒装置且能保证有效运行的，或能确保各房间独立通风的集中空调通风系统可以继续运行，运行时应加大新风量和室内外换气次数，每周对运行的集中空调通风系统的过滤网、过滤器、净化器、风口等设备或部件进行清洗、消毒或者更换。其他类型的集中空调通风系统应予以关闭。尽量避免使用轿厢式电梯，楼层在 3 层以下营业场所应停开轿厢式公共电梯。

2. 加强预防性消毒。加强公用设施和场地的预防性消毒。可使用有效氯浓度为 500 毫克 / 升的消毒液，对营业场所的公用电梯、手扶电梯、桌椅座椅、门窗把手、卫生间等公共设施进行擦拭消毒，保持 30 分钟，每天至少 1 次；对营业场所地面进行拖地或喷洒消毒，每天至少 1 次，并根据客流量适当增加消毒次数。

（1）商场（店）。商场（店）包括大型超市、便利店、购物中心、城市商业综合体等。对普通人员经常触摸的部位（如购物篮、购物车、临时物品存储柜等）用有效氯浓度 500 毫克 / 升消毒液进行擦拭消毒，作用 30 分钟以上，每天至少 1 次。

（2）农贸市场。加强农贸市场环境整治，做到“一日一清洗，一日一消毒”。农贸市场以清洁为主，保持环境整洁，及时清运垃圾，对被痰液、呕吐物、排泄物等污染的区域及时清理干净，并以有效氯 1000 毫克 / 升消毒液喷洒消毒，垃圾清运车每日清洗。室内农贸市场加强通风。

（3）餐馆。需对厨房餐厅的餐饮具、厨具等进行预防性消毒。餐饮具可用煮沸、蒸汽、紫外线消毒柜或使用有效氯浓度为 500mg/L 的消毒液浸泡 30 分钟消毒。每天至少 1 次。

3．加强经营管理。不得以任何形式开展引发公众聚集性的促销活动。严禁在餐饮服务单位内饲养、宰杀、销售活禽；严禁采购、加工、出售野生动物及制品。

4．加强健康提醒监测

（1）督促佩戴口罩。商业场所应在入口处设置醒目、清晰的佩戴口罩提示，要求消费者佩戴口罩后方可进入。对未佩戴口罩进入场所者应当予以劝阻，对不听劝阻的人员依据规定向相关主管部门报告，由各相关主管部门按照各自职责依法处理。从业人员应全程佩戴口罩提供经营服务，商业企业应确保员工个人防护用品的供应。

（2）加强体温监测。加强对消费者体温监测，发现体温异常人员，应劝阻其进入营业场所，并依据有关规定向防疫防控部门报告。加强对员工健康状况监测，每日营业前应检测员工体温，若出现新型冠状病毒感染的肺炎可疑症状（如发热、咳嗽、咽痛、胸闷、乏力等）时，应负责督促其主动戴上口罩到就近的定点救治医院发热门诊就诊。

（3）提醒就餐者做好个人防护。不举办人数较多的聚会活动。引导就餐者分散就餐，避免面对面就餐，提醒就餐前洗手等。

5．加强宣传引导

（1）在商场超市、城市商业综合体、农贸市场和餐馆等商业场所的入口处醒目位置张贴《江苏省商务厅新型冠状病毒感染的肺炎疫情防控工作领导小组关于加强商业场所疫情防控工作的通告》。

（2）各类商业场所要在出入口等显著位置，通过多种方式公布当地发热门诊诊疗单位名称、地址和联系电话，以便发现疫情后及时采取处置措施。

（3）各类商业场所要通过显示屏、广播、宣传栏等方式，积极开展疫情防控宣传。

各地要建立新型冠状病毒感染的肺炎疫情防控工作督查机制，加强对商业场所疫情防控情况督查指导，对检查中发现的问题要及时督促整改。要进一步强化责任担当，狠抓措施落实，全力以赴共同做好我省商务领域疫情防控工作。

江苏省商务厅新型冠状病毒感染的肺炎疫情防控工作领导小组

2020 年 1 月 31 日

江苏省商务厅
关于进一步做好商务系统新型冠状病毒感染的肺炎疫情应对工作的通知

（苏商肺炎防控传〔2020〕3号）

各设区市商务局，昆山市、泰兴市、沭阳县商务局：

2月1日，吴政隆省长在《生活物资和防护用品供应监测情况每日报告》上批示："一定要做好生活物资、防护用品的保供及稳价工作，同时对超市、集贸市场等必须坚决落实防控措施，尤其是餐饮等集聚场所必须制定严格、可操作的防控措施要求。请抓好商务系统的各项工作，按'战时'机制高效运行。"为深入落实吴省长批示精神，现就进一步做好商务系统新型冠状病毒感染的肺炎疫情应对工作，提出以下要求：

一、提高政治站位，进入"战时"状态

要深入学习贯彻习近平总书记重要指示精神，落实党中央和省委省政府各项部署，牢固树立以人民为中心的发展思想，深刻领会吴政隆省长批示精神，把做好商务领域应对新型冠状病毒感染的肺炎疫情作为当前最重要的工作任务来抓。要按照进入"战时"状态的要求，不惜一切代价，坚决打赢疫情防控这场硬仗。要突出保供稳价和疫情防控，坚持底线思维和问题导向，切实加强组织领导，建立清单，完善机制，狠抓落实，努力做到让党委政府放心、让人民群众满意。

二、严格各项举措，做好疫情防控

各地要按照《关于加强商业场所新型冠状病毒感染肺炎疫情防控工作的通知》（苏商肺炎防控传〔2020〕1号）要求，指导督促商场、超市、商业综合体、农贸市场、餐饮企业等严格落实疫情防控主体责任，认真做好复工前、营业中的各项防控措施。全面落实不组织聚集性活动的各项要求，杜绝聚集性促销、餐饮等活动，进一步严格商务展会及各类活动的报批审核。做好开发区及各类企业复工和人员返岗情况监测，督促落实好各项防控措施，发现异常情况要及时向相关部门报告。

三、强化问题导向，全力保供稳价

完善生活必需品保供企业清单，摸清底数、加强监测，千方百计组织进口，全力以赴做好服务。指导超市、商场、农产品批发、连锁药店等商贸流通企业积极拓宽货源渠道，加强货源组织，特别是要发挥龙头企业、重点企业、供应链企业的保供稳价作用，推动流通企业与生产企业建立稳定可靠的产销合作关系，提升市场供应能力。积极配合相关部门加强市场执法，打击哄抬价格、囤积居奇、制假售假等行为，切实维护市场秩序。

四、加强督导检查，建立反馈机制

各地要加强对疫情防控期间市场保供和疫情防控工作的督导检查，明确责任主体，强化责任担当。深入基层一线督查，重点检查生活必需品市场供应情况；商场、超市、商业综合体、农贸市场、餐饮场所落实疫情防控各项措施情况；按照“非必须不举办”的原则，督导检查各地限制各类大型活动，减少公众聚集性活动等方面情况。省商务厅将派出督导检查组，采取“四不两直”等多种方式进行抽查检查。要畅通信息渠道，加强信息报送，及时总结推广各地在疫情应对工作中的好经验、好做法。

江苏省商务厅新型冠状病毒感染的肺炎疫情防控工作领导小组

2020 年 2 月 2 日

江苏省发展和改革委员会 江苏省商务厅 江苏省农业农村厅关于做好应对新型冠状病毒感染肺炎疫情生活物资保障工作的通知

（苏发放运行传〔2020〕30号）

省工信厅、公安厅、交通运输厅、市场监管局，省粮食和物资储备局，人民银行南京分行，省银保监会，上海铁路局南京办事处，各设区市发展和改革委员会、商务局、农业农村局：

1月31日，国家发展改革委和商务部联合召开全国应对新型冠状病毒感染肺炎疫情生活物资保障工作部署视频会议，吴政隆省长和樊金龙常务副省长对落实会议精神作出明确的批示。2月1日国务院印发进一步加强疫情防控工作有关通知，2月3日省疫情防控领导小组召开会议部署相关工作。为贯彻落实相关会议、文件精神和省政府领导批示要求，现将有关事项通知如下：

一、充分认识做好疫情期间生活物资保障的重要意义

当前，疫情形势仍然十分严峻复杂，生活物资保障工作关系到亿万人民群众的基本生活，关系到稳定人心、稳定预期、稳定社会秩序的大局，对有力有序防控疫情具有重要意义。生活物资保障领域出现的苗头性个案问题，群众关注度高、信息传播快、风险蔓延广，必须加以高度重视。

二、注重问题导向，强化市场监测预警

要全力保障本地区生活必需品市场供应不脱销、不断档，满足人民群众的生活需要。要对农贸市场和商超市场开展市场监督检查，深入一线开展调查摸排，及时准确掌握生活必需品市场供求变化，督促超市提高补货、补架频次，避免出现空柜、空架情况，繁荣市场。要不折不扣完成市场情况日报、供求情况周报等任务，对苗头性问题及早作出分析研判。要密切关注个案，对排队抢购、脱销断档等异常情况，第一时间立即妥善处置并及时上报。

三、注重责任落实，强化快速应急保供

进一步落实好“米袋子”和“菜篮子”责任制。结合当地疫情防控形势，科学指导、动员商贸市场、农贸市场、工业企业恢复营业，加强物资供应。要加强货源组织，引导商贸流通骨干企业积极备货，进一步畅通销售渠道，全力满足市场需求。组织粮油食品和生活必需品企业尽快复工复产，增加生活物资供应。要督促指导饲料生产企业、动物防疫用消毒药等兽药生产企业、动物防疫设施设备生产企业加快复工复产，帮助解决现实困难，保障饲料市场有效供应，确保动物防疫安全，促进畜禽业持续稳定健康发展，保障市场肉品供应。要加强价格监测预警，开展商品价格日监测、周监测和零报告制度，全力保障市场供应和价格稳定。要进一步建立健全特殊时期特殊生活物资的政府储备制度，建立重要物资临时储备机制，保障连续的储备投放能力。

四、注重科学防控，强化协调联动效能

在本地区新型冠状病毒感染的肺炎疫情防控工作领导机构的统一领导下，加强省市的纵向联动和各地区、各部门的横向协作，共享信息、互通资源，做好保供稳价、运输协调，破解生活物资供应保障的难点问题。要妥善解决疫情防控措施对畜禽养殖的影响，切实纠正关闭家禽市场等过激行为，农业农村部门主动与具有家禽屠宰能力的屠宰企业、养殖企业做好对接，或协调安排定点屠宰场所，提供检疫服务，解决好养殖场户屠宰、销售困难问题。要规范设立必需品物资调度的“绿色通道”，集中协调解决流通企业在交通运输、物流配送等方面的困难，畅通生活必需品物资运输和物流配送渠道，形成市场保供合力，确保生活物资持续稳定供应。

五、注重宣传引导，强化社会各方信心

密切关注舆情变化，加强舆情监测，及时有效引导群众情绪，处理苗头性、倾向性问题，激发正能量，克服负能量。加强正面宣传引导，做好宣传方案、备好应急预案，充分利用传统媒体和新媒体，及时准确报道本地市场供应情况，实事求是地做好当地重要生活物资供应充足、价格稳定的正面宣传。针对疫情阶段性特点，科学引导居民合理购存生活物资，加强正面舆论宣传，稳定社会预期，增强民众信心。

请各地按照文件要求密切关注本地疫情期间生活物资保障情况，积极开展相关工作，省和设区市建立对接制度，明确联络员制度，加强沟通对接。各地发现苗头性、个案性问题和本地区解决不了的问题、困难及时上报省发展改革委、商务厅和农业农村厅，同时抄报省相关部门。各设区市发展改革委、商务局、农业农村局于 2 月 6 日前分别明确一名联系人，并将信息报予省发改委、商务厅、农业农村厅。

为加强疫情防控期间经济运行监测工作，请省工信厅等相关部门按照省新型冠状病毒感染的肺炎疫情防控工作领导小组的工作要求，将报送物资保障小组（省粮食和物资储备局）的材料同时抄送省发改委。

省发展改革委联系人：李海波　025-83275016　15062202288　haibowind@163.com

省商务厅联系人：彭程　025-57710390　18852052262

省农业农村厅联系人：方映　025-86263901　13913908867

江苏省发展和改革委员会 江苏省商务厅 江苏省农业农村厅

2020 年 2 月 5 日

江苏省商务厅 江苏省财政厅
关于开展疫情防控期间农产品保供企业
申报工作的紧急通知

（苏商建〔2020〕41号）

各设区市商务局、财政局：

为贯彻党中央、国务院决策部署，充分发挥中央财政资金效益，支持做好新型冠状病毒感染的肺炎疫情防控期间农产品供应工作，根据《商务部办公厅 财政部办公厅关于疫情防控期间进一步做好农商互联完善农产品供应链体系的紧急通知》（商办建函〔2020〕53号）要求，我省将组织开展疫情防控期间农产品保供企业申报工作。有关事项通知如下：

一、支持对象和方向

（一）支持对象是为保证疫情防控期间农产品供应，各地与本级政府部门签订农产品（蔬菜）保供储备协议的农产品批发市场。每个设区市最多推荐1家承担保供任务的重点农产品批发市场。

（二）主要支持方向为企业在承担保供任务中发生的保供储备、防疫、运费、租金、冷链、产销信息平台建设以及供应链中断恢复过程中发生的相关费用补贴等。

二、支持方式和标准

（一）根据《中央财政服务业发展资金管理办法》（财建

〔2019〕50号）规定，对符合条件的农产品批发市场采取一次性财政补助的方式予以支持。

（二）保供协议签订的储备期限、储备量（蔬菜）根据当地保供要求自行约定。常住人口超过800万人的地区（常住人口以2019年江苏统计年鉴数据为准），支持符合条件的农产品批发市场250万元；常住人口在500万人至800万人之间的地区，支持符合条件的农产品批发市场200万元；常住人口少于500万人的地区，支持符合条件的农产品批发市场150万元。

三、申报材料和时间

（一）申报材料包括设区市商务部门联合同级财政部门形成的正式上报文件以及当地政府部门与农产品批发市场签订的农产品保供协议（以蔬菜为主）。

（二）请将申报材料（一式三份）于28日前报送省商务厅。逾期未提交材料，视作自动放弃。

四、有关要求

各地要充分认识中央财政支持疫情防控期间市场保供工作的重要意义，重点支持在当地有较强实力，疫情防控期间发挥重要保供作用的农产品批发市场。通过资金补助，进一步调动农产品批发市场的积极性，建立产销对接长效机制，做好蔬菜等生活必需品市场保供工作。各地要严格落实主体责任，做好事前、事中、事后全过程监管，切实保障财政资金的使用效率和安全。2020年农商互联完善农产品供应链项目继续按《江苏省商务厅江苏省财政厅关于申报2020年推动农商互联完善农产品供应链项目的通知》（苏商建〔2020〕18号）要求执行。

联系人：

商务厅市场建设处：罗权利 025-57710187

财政厅工贸发展处：魏　莎 025-83633107

江苏省商务厅　江苏省财政厅

2020 年 2 月 18 日

附录三

连云港市新型冠状病毒感染的肺炎疫情防控工作领导小组生活物资保障组工作方案

为贯彻落实省委省政府、市委市政府统一部署，根据相关文件，制定《连云港市新型冠状病毒感染的肺炎疫情防控工作领导小组生活物资保障组工作方案》。

一、工作职责

统筹协调做好全市生活物资储备和供货，加强生活物资保供监测分析和预警工作，督促商贸流通企业落实疫情防控措施，统筹做好保障生活物资运输，保障畅通，合理引导社会对生活物资供应的预期。

1．督促商超、企业开工开业。督促超市卖场、农批市场、集贸市场、猪肉和蔬菜储备生产、物流企业做好生活必需品供应保障工作。

2．加强保供监测预警。加强市区生活物资供应的监测和需求预测，及时报告重大情况，积极采取有效措施应对异常波动。

3．做好货源储备。发挥政府储备和商业储备作用，落实农产品在库和在田储备保障，突出龙头企业和行业协会引导作用。组织扩大蔬菜种植面积，提高本地蔬菜供应能力，鼓励采购本省自产蔬菜。发挥全市重点农批市场的保供作用，加强与市内外生产基地对接，进一步拓宽农产品采购渠道，增加储备。

4. 落实疫情防控措施。做好超市、商场、城市商业综合体、农贸市场、餐饮场所等疫情防控。

5. 强化市场监管。加强部门协作和信息沟通，通过联合执法，做好市场价格、市场交易、食品安全、质量安全等方面的监测和监管工作，打击哄抬物价、囤积居奇、制假售假等违法行为。

6. 保障生活物资运输畅通。统筹做好生活物资运输，将重要生活物资纳入应急运输保障范围，充分了解运输需求，为配送、调运创造条件，确保生活物资运输畅通。

7. 引导社会预期。准确报道市场供需情况，积极宣传保供稳价成效，稳定社会预期，增强民众信心，为疫情防控、保障供应营造良好舆论氛围。

二、组织机构及职责分工

（一）组织机构

生活物资保障组由吴海云副市长牵头负责，设在市公共卫生中心。

组长：市商务局局长、口岸办主任 商振江

副组长：市商务局副局长 王绪浦

成员：市商务局、市发改委、市市场监管局、市交通运输局、市农业农村局、市公安局交警支队相关处室负责人。

（二）部门职责

市商务局：承担生活物资保障组日常工作。牵头落实市委市政府关于疫情防控生活物资保障的指示和要求，及时向市委市政府报告生活物资保障工作重大情况；掌握全市生活物资供应保障情况，平衡需求，提出生活物资保障的意见、建议，协调相关部门、单位处理有关事项；开展疫情防控期间生活保障物资监测；建立和落实会商、日报等工作机制，督促各成员单位按时落实职责分工。

市农业农村局：促进生猪生产，落实承担的“菜篮子”责任，掌握农业农村局涉及生活物资保障工作，特别是“菜篮子”基地的情况和信息，监督指导农业农村条线开展疫情工作，做好农商、农超对接。

市发改委：做好全市粮油、肉蛋奶、蔬菜等生活物资市场价格监管，做好平价商店的管理、服务工作。

市市场监管局：加强对农贸市场等经营主体的管理和服务，履行对生活物资价格秩序、质量和食品安全监管职责，维护规范有序的交易秩序。

市交通运输局：掌握全市生活物资运输情况，统筹做好生活物资运输，将重要生活物资纳入应急保障范围，完善生活物资运输应急预案，解决生活物资运输中遇到的困难和问题，保障运输畅通。

市公安局交警支队：掌握全市生活物资调运通行情况，为企业配送运输提供便利，协调解决生活物资调运中遇到的通行困难和问题，保障运输畅通。

三、工作小组及职责分工

生活物资保障组下设三个工作小组，分别为综合组、保供组、协调组。

（一）综合组

牵头及参与单位：市商务局

工作职责：负责制定生活物资组管理工作制度；负责生活物资组公文收发、会务等文秘工作，负责撰写生活物资组汇报材料；负责生活物资组宣传和信息工作，合理引导消费者对生活物资供应的预期；做好生活物资组后勤保障工作。

（二）保供组

牵头及参与单位：市商务局

工作职责：负责生活物资保供日报统计、运行分析和预警工作；掌握全市生活物资供应保障情况，及时提出改进生活物资保障的意见、建议；统筹协调做好全市生活物资储备和供货，加快重要生活物资和防护用品进口。

（三）协调组

牵头单位：市商务局

参与单位：市发改委、市市场监管局、市交通运输局、市农业农村局、市公安局交警支队

工作职责：协调各单位之间相互配合，统计、监测、汇总全市生活必需品，做好市场保供工作。

四、工作制度

（一）例会协商制度

建立例会制度，研究生活物资保障中的具体问题。各工作小组及时通报工作进展，研究解决存在问题，切实有效推进职责范围内生活物资保障各项工作。

（二）信息通报制度

各单位根据职责分工，指定专人负责每日收集、整理、汇总和分析最新工作进展，并于每日中午 15:00 前以书面形式将前一日 12:00 至当日 12:00 之间有关生活物资保障组的主要工作措施和成效等情况（后附表格）报材料综合和协调组。没有新情况须“零报告”。各单位之间要加强沟通协调，确保信息通畅，遇有重

要情况随时通报。

（三）集中办公制度

生活物资保障组在市公共卫生中心集中办公。

五、工作要求

（一）提高政治站位。坚决将疫情防控工作作为政治任务，按照疫情防控领导小组的部署，做好生活物资保障工作。各部门按照职责分工，明确责任，守土有责，确保物资保障工作落实到位。

（二）及时做好应急生活物资统计、储备、调度工作，按照疫情防控领导小组指令和防疫需求，掌握应急生活物资销售情况和采购渠道，适时进行调度采购。

（三）加强值班值守，保持通信联络24小时畅通，严格执行请销假制度。

（四）遵守保密规定，控制舆情舆论，严禁超范围传播消息。

（五）加强协调，配合协作，联防联职，及时沟通、通报各类信息。

附：1. 生活物资保障措施日报表

2. 生活物资保障工作信息日报

连云港市新型冠状病毒感染的

肺炎疫情防控工作领导小组生活物资保障组

2020年2月10日

生活物资保障措施日报表

报告日期：2020 年 __ 月 __ 日

填报单位：________________

组别	生活物资保障措施名称	发布日期	发布单位	主要内容
生活物资保障组				
	存在的问题、困难			

备注：1. 填报内容为前一日 12:00 至当日 12:00 之间有关生活物资保障的主要工作措施和成效，没有新情况须“零报告”。每日 15:00 前，将电子版发送至 dongfeng2951@163.com。

2. 联系人：董峰 13585281960

生活物资保障工作信息日报

委（局、会）

（2020 年　月　日）

内容主要是生活物资保障组各单位或本系统于近期或当日在防控疫情方面的信息（包括生活物资突发事件等）、开展的主要工作、采取的重要措施、取得的工作成效、存在的主要困难问题及建议、下一步工作安排，以及国家有关部委办局关于疫情防控的最新工作部署，国内外、省内外有关动态、值得关注的问题等情况。

每日下午 15:00 前，将电子版发送至 dongfeng2951@163.com，没有新情况须“零报告”。

联系人：董峰 13585281960

附录四

连云港市发改委监测中心今日监测情况

我市7类33个品种每500克市场平均零售价格与昨日相比“2升3降28平”，其中，肉类和蔬菜价格小幅变动。粮油、牛羊肉、水产品、副食品、水果、蔬菜类等28个品种价格均保持平稳运行。两个上升的蔬菜品种为：包菜2.25元，上升4.65%；黄瓜4.25元，上升7.59%。3个下降的品种为：肋条肉34.4元，下降1.43%；大白菜1.70元，下降5.56%。此外，还有一个下降的品种是大米价格，因苏果超市搞促销活动，价格下降，由昨天的2.27元，降至2.09元，下降7.93%。

口罩定向投放，市场间断性供应。今日海州区防控办再次调拨一次性口罩3万只，继续定向投放给60周岁以上市民。前期没买到口罩的市民于2月27日上午9:00后，带上身份证到所在社区登记购买。口罩投放价格为1.9元/只，每人限购5只，售完即止。同时，对药房巡查后，今日，市区国瑞堂大药房新到了一批KN95口罩2500个，预计今明两天配送到门店销售，品牌思创ST-A9501Z，零售价格为11元/只，先到先得。

消杀物资供应正常，价格平稳。市区康济大药房84消毒液，价格5.8元/瓶，每瓶500毫升；医用检查PVC手套，价格36元/盒，每盒100只；75%乙醇消毒剂每瓶500毫升，价格7.8元；免洗手消毒凝胶每瓶500毫升，价格44元。目前，康济大药房除口罩没有外，其他消杀防护用品较全。

超市 84 消毒液货源充足，且有多个品种多规格可选，如：爱特福 84 消毒液 500 毫升，3.8 元 / 瓶；750 毫升，9.00 元 / 瓶。红石 84 消毒液 750 毫升，8.90 元 / 瓶。一枝梅 84 消毒液 2.5 千克，16.90 元 / 瓶。可立仕 84 消毒液 5 千克，39.60 元 / 瓶。巧白 84 消毒液 5 千克，37.10 元 / 瓶。爱特福 84 消毒液 10 千克，105.60 元 / 瓶。苏果超市除滴露洗手液缺货外，其他洗手液品种较全，如：立白润之素健康芦荟净护洗手液 500 克，价格 19.90 元 / 瓶；立白润之素泡沫抑菌洗手液 300 毫升 ×2 瓶，价格 29.80 元。

连云港市商务局
2020 年 3 月 6 日

附录五

生活物资保障组工作简报

市商务局

加强市场运行调度，建立县区板块、农贸市场、重点商超、市场价格等“一套四表”监测体系，严格落实数据日报制度，目前我市货源供应充足，物价总体稳定，安全保障到位。

1．加强市场监测预警。据各县区商务部门上报，全市各个主城区37家商超、11家农贸市场共有大米718吨，面粉227吨，食用油391吨，猪肉226吨，鸡蛋134吨，蔬菜612吨，水果384吨，牛奶551吨，水产品114吨，食盐93吨，市场保供充足，运行良好。

2．新增29家团餐配送企业。随着全市复工企业增多，团餐需求快速增加，市商务局印发《征集连云港市提供集体用餐配送餐饮企业名录（第二批）的通知》，在首批5家供餐企业基础上，筛选确定云台宾馆、花果山酒店、海州湾会议中心等29家酒店餐饮企业为我市第二批团餐配送企业，为全市防疫一线和机关、团体、企事业单位提供集体用餐配送服务。

3．推进农超农商对接。建立“连云港市蔬菜农商对接”微信群，解决本地农业合作社和农户卖菜难问题。已有商超、农业合作社等各类会员109人，南方超市通过本平台采购赣榆莴苣500斤、灌南上海青800斤、海州朐山小黑菜2000斤。

4. 有序投放储备猪肉。通过市场化手段动态储备猪肉1600吨、蔬菜1500吨，落实方市长关于向开发区、徐圩新区复工企业投放储备肉的批示，第一时间与市开发区、徐圩新区复工重点企业对接，助力恢复生产。目前已与40多家企业对接投放工作，承储企业天缘公司与方洋集团签订2.5吨猪肉供应合同。

5. 强化重点领域督查。严格开展"四不两直"督查暗访，实现全市重点商超、住宿餐饮企业全覆盖，确保商贸企业清洁消杀、体温检测等防疫举措落实到位。

6. 加强正面宣传引导。在连云港电视台专题宣传4次，通过《连云港日报》、"连云港发布"微博等载体发表信息20余篇，通过开放连云港微信平台发布疫情防控宣传信息80余条；制作印发宣传折页1.5万份、展板200个、横幅120条，投放到全市大型商超、农贸市场和住宿餐饮企业，切实营造全社会科学防控、精准防控的浓厚氛围。

市发改委

主副食品价格平稳。通过对极美苑农贸市场和华润苏果超市监测，以及对有关药房调查显示，今日我市7类33个品种每500克市场平均零售价格与昨日相比"4降1升28平"，变动的品种为蔬菜类，粮油、猪肉、牛羊肉、水产品、副食品、消杀等六大类品种价格均保持平稳运行。其中，5个变动的蔬菜品种为：青菜1.94元，下降3%；土豆2.55元，下降8.93%；包菜2.25元，下降10%；胡萝卜2.00元，下降11.11%；萝卜1.40元，上涨3.7%。大白菜、黄瓜等6个品种保持平稳。

消杀物资供应充足。市区康济大药房84消毒液500毫升，价格5.8元/瓶；医用检查PVC手套，价格36元/盒，每盒100只；

75% 乙醇消毒剂 500 毫升 / 瓶，价格 7.8 元；免洗手消毒凝胶 500 毫升，价格 44 元 / 瓶。苏果超市洗手液品种较全，立白润之素健康芦荟净护洗手液 500 克，价格 19.90 元 / 瓶；立白润之素泡沫抑菌洗手液 300 毫升 ×2 瓶，价格 29.80 元。84 消毒液货源充足，且有多个品种、规格可选，爱特福 84 消毒液 500 毫升、3.8 元 / 瓶；750 毫升、9.00 元 / 瓶。红石 84 消毒液 750 毫升，8.90 元 / 瓶。目前购买消毒水的人员减少，销量下降。据苏果超市统计，2 月 1 日—2 月 15 日销量 666 瓶，2 月 16 日—2 月 23 日销量 103 瓶。

市公安局

发布解除高速公路出口管制信息。因疫情管控变化，此前关闭的高速公路收费站出口有 7 个开通，并解除 10 个收费站出口防疫检查点。此次开通的收费站出口分别为：G15 沈海高速海头收费站、罗阳收费站、灌云北收费站，G25 长深高速大浦收费站、灌云西收费站，G30 连霍高速云台收费站、东海西收费站。同时，G15 沈海高速赣榆港、赣榆、灌云东收费站，G25 长深高速班庄、赣榆南、宋庄、灌云南收费站，G30 连霍高速渔湾、平明、东海收费站出口防疫检查点解除。

市交通局

畅通物资运输。为 2816 辆车备案办理《疫情防控物资应急通行证》，共发送酒精、药品、口罩无纺布原料等防控应急物资和蔬菜、生鲜牛乳、医疗设备，动物饲料等重点民生物资 72816 吨。

市农业农村局

1．调度水产品供应。今日我市起捕面积 500 亩，起捕水产品 51.5 吨。全市各级渔业管理、执法和技术推广部门投入 114 人参与疫情防控和水产品供应保障工作。

2. 调度农产品价格。调度四季农产品批发市场，销售水产品冻品、鲜活贝类和淡水鱼的摊位明显增多，主要水产品交易价格如下：草鱼 6 元 / 斤—7 元 / 斤，鲫鱼 6 元 / 斤—9 元 / 斤，鳙鱼 7 元 / 斤，草鱼 6 元 / 斤—7 元 / 斤，鲫鱼价格较年前明显回落，草鱼价格略有下降，主要原因是各生产基地存塘量较大，产销对接新链接形成，销售量倍增刺激批发商增加备货。生猪价格 40 元 / 公斤，二元母猪 5000 元 / 头，洋三元苗猪 1800 元 / 头，土三元苗猪 800 元 / 头。

3. 调度企业复工情况。目前全市紫菜一次加工企业 274 家，复工 207 家，复工率 75.5%；赣榆区 20 万亩、连云区 16.5 万亩海上紫菜栽培全部复产，海洋捕捞生产基本恢复。全市农资门市 55% 左右开业，东海、灌南为 90%，灌云大约为 55%，赣榆为 40%，海州批发商全部营业送货。截至 23 日，全市饲料企业复产达到 14 家，产能恢复了 58.6%。

4. 为稳产保供企业提供融资贷款服务。与江苏银行等协调对接，向银行提供稳产保供主体名单 1415 个，贷款总需求 11.19 亿元，已发放贷款 1.6 亿元。

市市场监管局

1. 制定《农贸市场新型肺炎防控指南》。明确经营人员防控、进入农贸市场人员防控、清洁消毒方法等八个方面的操作要求，增强农贸市场防疫的科学性和有效性。

2. 开展全市农村农贸市场专项检查。采取“四不两直”方式重点督导各乡镇（街道）农（集）贸市场疫情防控，杜绝野生动物交易等违法现象。

3．开展“保价格、保质量、保供应”活动。在全市持续组织开展以口罩、医用酒精等防疫用品及粮油、肉、蛋奶等生活必需品为重点的价格监督检查工作，出动价格检查执法人员284人次，检查相关单位228个，依法查处哄抬物价、囤积居奇等违规行为。

连云港市商务局

2020年2月24日

附录六

连云港市菜市场（农贸市场）营业时间及服务内容

序号	城区名称	市场名称	地 址	营业时间	服务内容
1	海州区	洪门菜市场	海州区新海路83号	半天 7:00—12:00	商户微信、美团送货上门
2		极美苑菜市场	海州区大庆东路85号	全天 7:00—18:00	商户微信、美团送货上门
3		九龙菜市场	海州区通灌南路（东望路）369号	半天	商户微信、美团送货上门
4		艺北菜市场	海州区艺北路8号	全天 7:00—18:00	商户微信、美团送货上门
5		江山菜市场	海州区大庆西路26号	全天 7:00—18:00	商户微信、美团送货上门
6		金宝菜市场	海州区新孔南路与馨香路交接口	半天	商户微信、美团送货上门
7		巨龙菜市场	海州区巨龙南路21号	全天 7:00—18:00	商户微信、美团送货上门
8		西城菜市场	海州区大庆西路22-1号	全天 7:00—18:00	商户微信送货上门，发挥公益性菜市场作用，每天安排两个商户到一级管控小区门口买菜
9		苍梧生活广场	海州兴隆路24号	全天 7:00—18:00	
10		解放东路菜市场	海州区解放东路233号	半天 7:00—12:00	商户微信、美团送货上门
11		沈圩桥菜市场	海州区浦西街道新新路188号	全天 7:00—18:00	商户微信、美团送货上门

续表

序号	城区名称	市场名称	地 址	营业时间	服务内容
12	海州区	海宁路综合市场	海州区海宁大道原二手车交易市场	全天 7:00—18:00	
13		振兴批发零售市场	海州区瀛洲路振兴农副产品交易市场	半天 3:00—12:00	
14		蔬菜活禽直销市场	海州区海昌南路108号	全天 7:00—18:00	
15	开发区	藤花菜市场	开发区茅山路28号	全天 7:00—18:00	
16		聚鑫源菜市场	开发区朝阳街道向阳大街向西100米	全天 7:00—18:00	
17		猴嘴菜市场	开发区猴嘴街道食品巷19号	全天 7:00—18:00	
18		范庄菜市场	开发区梅花路	全天 7:00—18:00	
19	高新区	福旺菜市场	花果山街道宋跳社区旺旺家园南	全天 7:00—18:00	
20		花果山菜市场	花果山街道大会堂南	全天 7:00—18:00	
21	连云区	海棠路菜市场	连云区海棠路39号	半天 7:00—12:00	
22		院前菜市场	连云区西园路5号	半天 7:00—12:00	
23		桃林菜市场	连云区环山中路129号	暂停营业	
24		西连岛菜市场	连云区连岛街道西连岛村	半天 7:00—12:00	
25		李庄菜市场	连云区云山街道李庄村委会楼下	半天 7:00—12:00	

续表

序号	城区名称	市场名称	地 址	营业时间	服务内容
26	连云区	宿城菜市场	连云区宿城街道高庄村委会旁	半天 7:00—12:00	
27		棠梨菜市场	连云区海州湾街道棠梨安置小区	半天 7:00—12:00	
28		板桥菜市场	连云区板桥街道板桥西路	半天 7:00—12:00	
29	赣榆区	时代路菜市场	赣榆区时代路白庄社区	全天 7:00—18:00	菜市场管理方牵头与榆有达电商平台合作，发展农产品配送新业态，1月17日至今完成3313单，平均客单价90元
30		新东方菜市场	赣榆区青口镇东关路98号	全天 7:00—18:00	
31	灌南县	鹏程农贸市场	鹏程西路	全天 7:00—18:00	
32		宝隆农贸市场	苏州南路	全天 7:00—18:00	
33		聚龙商贸城	灌南人民东路	全天 7:00—18:00	
34		农贸批发市场	灌南北环路	全天 7:00—18:00	商户微信、美团送货上门
35	东海县	海陵农贸市场	东海县海陵东路52号	全天 7:00—18:00	
36		云海果蔬批发市场	东海县明珠路与海陵路交叉口西	全天 7:00—18:00	
37		西双湖农贸市场	东海县振兴路	全天 7:00—18:00	

续表

序号	城区名称	市场名称	地 址	营业时间	服务内容
38	灌云县	灌云县金源农贸市场	灌云县伊山镇南京西路	半天 7:00—12:00	
39		灌云县西苑农贸市场	灌云县伊山镇幸福大道	半天 7:00—12:00	
40		灌云县新村农贸市场	灌云县伊山镇新民路	半天 7:00—12:00	
41		灌云县伊山小商品市场	灌云县人民中路	半天 7:00—12:00	
42		灌云县向阳路农贸市场	灌云县伊山镇向阳路	半天 7:00—12:00	
43		灌云县怡景花城农贸市场	灌云县振兴南路怡景花城小区	半天 7:00—12:00	
44		灌云县河东农贸市场	灌云县伊山镇河东村化工路	半天 7:00—12:00	
45		灌云县马浅农贸市场	灌云县伊山镇振兴北路	半天 7:00—12:00	

附录七

通行证使用要求

一、"战疫情、保供应"车辆通行证是为了应对疫情，保障我市生活必需品调运，保证供应，由市商务局和市公安局交警支队联合对我市部分商超、农贸市场、猪肉储备企业和成品油经营企业等重点保供单位发放的。

二、本证适用于生活必需品和应对疫情有关商品的运输，包括但不限于：粮食、食用油、猪肉、鸡蛋、蔬菜、水果、奶、水产品、方便面、火腿肠、瓶装水、口罩、消毒液、防护服和成品油等。

三、持证车辆必须将"战疫情、保供应"车辆通行证放置在驾驶室挡风玻璃右下角，以便检查。

四、持证车辆须服从交巡警指挥，车辆、驾驶员牌照齐全，技术状态完好，各项税费交纳完结，自觉遵守交通安全法律法规。

五、在配合做好疫情应对工作的情况下，持证车辆可享受以下优惠政策：1. 车辆在运送生活必需品和应对疫情有关商品的过程中享有优先通行的便利。2. 除早晚交通高峰时段外，车辆在市区及县城行驶时不受禁行时间、禁行路段限制。3. 在不影响交通的情况下，车辆可在邻近市场、商场（超市）的路边临时停车卸货；如果出现影响交通情况，车辆要及时驶离卸货区域。

六、持证车辆有下列行为之一的，执勤交警可当场收缴其“战疫情、保供应”车辆通行证，并取消之后批次办证资格：1. 运输生活必需品和应对疫情以外货品的；2. 造成重大交通事故负主要责任以上的；3. 因交通违法或遇特殊情况下，不服从民警管理的；4. 有转借、挪用、私改、假冒、伪造、变卖“战疫情、保供应”车辆通行证情节的。

七、所持通行证须与运行车辆信息相符，方为有效。

八、通行证涂改无效。

九、时效：2020 年 2 月 3 日至 2020 年 4 月 2 日。

连云港市商务局

2020 年 2 月 1 日

附录八

“无接触”配送情况

市商务局组织电商企业开展“无接触”配送满足民生需求。市商务局鼓励发动全市广大电商企业探索开展“无接触”配送，利用电子商务“远程交易、物理隔离”特点，助力做好应对新冠肺炎疫情和市场保供。目前，我市大润发、利群、家得福、华润苏果等大型超市及从事农产品、食品、日用品销售的电子企业纷纷调整和拓展经营方向，通过“互联网+菜篮子”“超市+平台+基地”“市民+平台+基地”“企业+平台+物业”等各种线上交易模式，实行线上下单，线下“无接触”配送，既满足了群众生活需要又缓解了人员聚集压力，在保障市民基本生活需要上发挥了积极的作用。2月10日当天，大润发超市“无接触”配送户数2600多户，配送单量3600多单，配送金额近9万元；赣榆华润苏果依托美团、饿了么两个平台，配送单量2771单，配送金额22.5万元；连云港润良商贸有限公司为市民“无接触”配送各类食品、日用品2811单，配送金额4.47万元。据不完全统计，全市各类电商企业每日为市民配送各类蔬菜、水果、粮油等食品及日用品近2万单，配送金额超过150万元。

连云港市商务局
2020年2月15日

附录九

连云港市商务局采取多种措施
加大疫情防控期间全市团体餐饮保障工作

为做好新冠肺炎疫情的防控工作，有效避免人员密集就餐，防止群体性聚餐可能引发的风险，按照市委市政府统一部署，市商务局于2月8日印发了《关于做好疫情防控期间连云港市团体餐饮保障工作的通知》，遴选玉兰饮食、尚班族、永连、爱玛妮、松霖5家规模以上、具备集体用餐配送单位资质的餐饮企业成为首批供餐企业。从近十天的运行情况看，各供餐单位日供餐量达一万多份，基本解决了奋战在一线工作人员的就餐问题，但距离全线复工后的集体供餐需求还存在较大缺口。为有效提升供餐能力，弥补企业复工后的集体供餐需求缺口，市商务局采取多种措施增加团餐供应能力。

一是做好协调。连云港玉兰饮食文化有限公司在首批团餐供应的基础上，为扩大生产能力，在海州开发区新浦工业园投资新建了3000多平方米标准化中央厨房，运营后可日生产快餐10000份以上，将有效满足全市团餐新增需求。

2月13日，市商务局接到市烹饪餐饮协会的申请报告，了解到该中央厨房各类设备、炉灶、汤锅、烤箱、蒸箱、冷库等大型设备已安装完毕，需要协调疫情防控期间的管道燃气安装施工，立即向市防控办汇报，并与相关单位进行密切对接，协调推进各项手续办理。15 日上午，新奥燃气公司接到市防控办文件，立即组成项目组，由总经理王颖带领进入现场进行踏勘，确定工作方案。与此同时，根据新奥燃气公司的要求，我局及时协调交通、公安、社区、工业园区、高速等相关部门，解决高速路口放行、市内运输车辆通行、技术和施工人员吃住、安装材料的工程车辆进场等棘手问题，确保安装设备和各种材料在两天内全部到位。目前，新奥燃气公司进行 24 小时不间断施工，力争本周内完成燃气管道安装到位。

二是增加团餐供应企业。通过市餐饮烹饪协会再次征集团餐供应企业。经过市商务局的批准，2 月 14 日，市旅游饭店业协会、市烹饪餐饮协会联合发布《关于征集连云港市提供集体用餐配送餐饮企业名录（第二批）的通知》，内容包括：服务对象和范围、订餐和配送方式、价格和结算方式、食品安全保障等，具体名单预计在本周内发布。

三是加强线上订餐引导。对暂时不具备团餐配送的餐饮企业，加强宣传引导企业进行线上订餐，采取订餐人自取或通过第三方配送方式提供服务。目前，花果山大酒店、云台宾馆、神州宾馆、蔚蓝海岸、苏宁索菲特等星级酒店和星巴克、麦当劳等连锁餐饮企业均采取此种方式。

四是在餐饮行业发布《培养健康饮食习惯，拒绝野味、抵制陋习，阻断餐桌上的疾病传染路径！共创中华餐桌文明，实行“分餐制”“公筷制”“双筷制”！》倡议。

连云港市商务局
2020 年 2 月 20 日

附录十

连云港市市级猪肉储备合同

甲　方：连云港市商务局
乙　方：

2020 年 1 月 8 日

连云港市市级猪肉储备合同

甲 方：连云港市商务局

乙 方：

甲、乙双方就连云港市市级储备肉承储一事，根据《连云港市市级猪肉储备管理暂行办法》规定，特签订本合同。

第一条 承储名称、品种、数量

储备冷库	名称	品种	储备数量（吨）
连云港市瀛洲路农贸市场冷库	冻肉	分割肉	1000

第二条 储备目的与动用

储备猪肉的目的为应对以下事件：发生重大自然灾害、事故灾难、突发公共卫生事件和社会安全事件；全市或部分地区肉类市场出现短缺或价格异常波动；重大节假日期间及其他需要动用的情形。乙方按本合同要求承储。当需要动用时，甲方向乙方发出动用通知，乙方应无条件按照通知执行。

第三条 合同期限与储备时间

本合同签字生效，储备时间为60个日历日，自2020年 月 日至2020年 月 日止。

第四条 储备肉入库

乙方承诺按照第一条要求于2020年 月 日前完成全部数量储备肉的入库工作。

第五条 储备肉的在库管理

1．乙方承储的储备肉要做到专库（专垛）、专账、专人、挂牌管理。

2．乙方必须保证承储的储备肉数量真实、完整。储备数量符合甲方和本合同约定，乙方应做到账实相符、账账相符。

3．乙方必须保证储备肉及储备冷库符合安全质量要求。储备肉必须四证（检疫证、检验证、消毒证、产地检疫证）齐全，必须来自依法取得生猪定点屠宰加工企业资格的定点屠宰场。储备冷库必须能实现本合同储备肉品目的，具备储备肉品的安全和卫生条件。

第六条 储备资金和储备费用

1．储备期间所需资金由乙方自行解决。

2．储备费用：总储备费用 万元，单价：2800 元 / 吨 / 年，每月按 30 天计算。

3．储备期结束后，乙方的储备工作达到合同要求，并经甲方委托的会计事务所审计后，市财政局按有关规定拨付储备费用。

4．审计费用从储备费用中支出。

第七条 违约责任

1．甲、乙双方都应严格履行本合同各项条款。

2．甲方将根据实际情况，对乙方执行储备计划进行严格检查。一经发现弄虚作假、账实不符、存储期限内数量品种短缺、公检不合格、不配合检查工作的，甲方有权取消乙方的储备资格，并视情节轻重扣减相应的储备费用。

3．乙方承储的储备肉，未经甲方同意，乙方无权动用，如擅自动用，甲方有权终止合同，将按规定追究乙方直接责任人和法定代表人的法律责任。

4. 甲方在委托第三方审计中发现问题时，在拨付储备补贴费用中将按规定扣除。

5. 甲方除按规定拨付储备费用外，不承担任何其他费用及因储备而产生的任何风险和责任。

第八条　本合同未尽事宜，甲、乙双方协商解决。

第九条 本合同一式三份，甲方、乙方、市财政局各执一份。

本合同书经甲乙双方签字或盖章之日起生效。

甲方签字盖章：　　　　　　　　乙方签字盖章：

2020 年　月　日　　　　　　　　2020 年　月　日

附录十一

连云港市蔬菜储备合同

甲　方：连云港市商务局

乙　方：

2020年2月20日

连云港市蔬菜储备合同

甲 方：连云港市商务局

乙 方：

甲、乙双方就连云港市蔬菜储备一事，根据市政府要求和法律法规，经协商签订本合同。

第一条 承储名称、品种、数量

储备冷库	名称	品 种	储备数量（吨）
连云港市四季农副产品批发市场有限公司蔬菜储备库	蔬菜	大白菜、土豆、洋葱、胡萝卜、冬瓜、青椒、黄瓜、西红柿等	1500

乙方承诺，在同等条件下优先储备连云港市本地地产蔬菜。

第二条 储备目的与动用

储备蔬菜的目的为应对以下事件：发生重大自然灾害、事故灾难、突发公共卫生事件和社会安全事件；全市或部分地区蔬菜市场供应出现短缺或价格异常波动；重大节假日期间及其他需要动用的情形。

乙方按本合同要求承储，当需要动用时，甲方向乙方发出动用通知，乙方应无条件按照通知执行。

第三条 合同期限与储备时间

储备时间为 60 个日历日，鉴于组织蔬菜储备零散性，本次蔬菜储备分成若干批次，每批次的合同期限为自该批次蔬菜入库之日起的 60 个日历日。

第四条 储备蔬菜入库

乙方承诺按照第一条要求于 2020 年 2 月 日前入库第一批次储备蔬菜，数量：吨，品种为：__________；乙方承诺在 2020 年 2 月 日前完成最后一批次储备蔬菜入库。乙方每星期汇总一次入库储备蔬菜情况，并交甲方备案。

第五条 储备蔬菜的在库管理

1．乙方承储的储备要做到指定仓库、专账、专人、挂牌管理。用于储备蔬菜的仓库情况，包括库容、编号、位置等，乙方需及时报甲方备案。

2．乙方必须保证承储的储备蔬菜数量真实、完整。储备数量符合甲方和本合同约定，乙方做到账实相符、账账相符。为保证储备蔬菜质量，乙方可对储备的蔬菜进行正常轮换。

3．乙方必须保证储备蔬菜及储备仓库符合安全和质量要求，相关证件齐全。蔬菜储备库必须能实现本合同目的，具备储备蔬菜的安全和卫生条件。

第六条 储备资金和储备费用

1．储备期间所需流动资金由乙方自行解决。

2．储备补贴费用：总储备费用 43.5 万元，单价：145 元 / 吨 / 月，每月按 30 天计算。

3．储备期结束后，乙方的储备工作达到合同要求，并经甲方委托的会计事务所审计后，市财政局按有关规定拨付储备费用。

4．审计费用从储备费用中支出。

第七条 违约责任

1. 甲、乙双方都应严格履行本合同各项条款。

2. 甲方将根据实际情况，对乙方执行储备计划进行严格检查。一经发现弄虚作假、账实不符、存储期限内数量品种短缺、公检不合格、不配合检查工作的，甲方有权取消乙方的储备资格，并视情节轻重扣减相应的储备费用。

3. 乙方承储的储备蔬菜，除轮换外，未经甲方同意，乙方无权动用，如擅自动用，甲方有权终止合同，将按规定追究乙方直接责任人和法定代表人的法律责任。

4. 甲方在委托第三方审计中发现问题时，在拨付储备补贴费用中将按规定扣除。

5. 甲方除按规定拨付储备费用外，不承担任何其他费用及因储备而产生的任何风险和责任。

第八条 本合同未尽事宜，甲、乙双方协商解决。

第九条 本合同一式三份，甲方、乙方、市财政局各执一份。

本合同书经甲乙双方签字或盖章之日起生效。

甲方签字盖章：　　　　乙方签字盖章：

2020 年 2 月　日　　　　2020 年 2 月　日

附录十二

连云港市商务局
关于给予市场储备蔬菜适当补贴的请示

（连商发〔2020〕17号）

市新型冠状病毒感染的肺炎疫情防控领导小组办公室：

为积极应对新型冠状病毒感染的肺炎疫情，确保全市居民菜篮子不涨价，保障市民供应，市商务局拟组织连云港农副产品批发市场有限公司从海南、广西、山东、甘肃等种植基地调运1500吨蔬菜（大白菜200吨、土豆350吨、洋葱350吨、胡萝卜100吨、冬瓜100吨、青椒200吨、黄瓜100吨、西红柿100吨），开展市级蔬菜储备，储备期2个月，从2月1日—3月31日，每10天周转一次。经调研和测算，拟补贴储备费用43.5万元。

妥否，请批复。

附件：应对疫情保证供应开展市级蔬菜储备方案

连云港市商务局

2020年1月30日

附件：

应对疫情保证供应开展市级蔬菜储备方案

为应对新型冠状病毒感染的肺炎疫情，保障我市市场供应正常有序，价格稳定，开展市级蔬菜储备。

一、储备蔬菜品种和数量

品种：大白菜、土豆、洋葱、胡萝卜、冬瓜、青椒、黄瓜、西红柿等八个品种。

以上蔬菜由连云港农副产品批发市场有限公司组织商户从海南、广西、山东、甘肃等种植基地购入。

大白菜 200 吨、土豆 350 吨、洋葱 350 吨、胡萝卜 100 吨、冬瓜 100 吨、青椒 200 吨、黄瓜 100 吨、西红柿 100 吨，共 1500 吨。

二、储备期限及周转

储备期 2 个月，从 2 月 1 日—3 月 31 日，每 10 天周转一次。

三、承储企业及其责任

指定连云港农副产品批发市场有限公司为承储企业。

作为蔬菜承储企业，连云港农副产品批发市场有限公司承诺：加强对储备蔬菜的日常管理，做到专库（专垛）、专账、专人、挂牌管理；做到储备蔬菜数量真实，账实相符、账账相符；储备蔬菜符合相关卫生和质量标准；无条件执行政府储备蔬菜调用通知。

四、储备费用测算

（一）存储费：

1500 吨 ×100 元 / 吨 / 月 ×2 个月 =300000 元

（二）装卸费：

1500 吨 ×15 元 / 吨 ×6 次 =135000 元

以上费用合计 43.5 万元。

附录十三

连云港市商务局关于对大型商场超市落实新型冠状病毒感染的肺炎疫情一级响应防控工作检查的通知

（连商发〔2020〕20号）

各县区、功能区商务主管部门：

根据《连云港市人民政府关于实施新型冠状病毒感染的肺炎疫情一级响应措施的通告》，为有效遏制新型冠状病毒感染的肺炎疫情扩散和蔓延，切实保障人民群众的身体健康和生命安全，市商务局领导决定，对大型商场超市落实新型冠状病毒感染的肺炎疫情一级响应防控工作进行督查检查，现通知如下：

一、督查检查的重点

（一）落实一级防控措施情况

1. 制定防控方案。

2. 停止促销活动。

3. 加强对员工培训，做好自我防护，实施每天岗前体温监测。

（二）严格实施卫生检疫制度

1. 在经营场所入口处设置检查站，每日打开门窗通风不少于3次，每次不少于30分钟。

2. 公共物品表面每日用250-500毫克/升含氯消毒液湿擦湿

拖消毒不少于2次，人员流动频繁的地方适当增加。

3．消毒重点部位是：电梯间、卫生间及公众经常接触使用的器具，包括柜台、桌椅、门把物、水龙头、公用电话、各类开关、公厕等。

4．工作人员勤洗手，必须严格执行戴口罩上岗，在柜台、服务台、导购台等地方配备免洗手消毒液。

5．在门口、场内张贴标志，提醒消费者进入公共场所戴口罩，做好个人防护。

6．使用集中空调的应全面使用新风输入，关闭回风通道。每周对运行的集中空调系统进行清洗、消毒和维护保养。

（三）保供情况

1．制定保供方案，积极做好短缺医疗物资、防控应急物资装备和居民所需日常消费物品的货源采购，保障市场供应。

2．积极配合执法部门，依法严厉打击恶意抢购，哄抬物价、囤积居奇等不法行为。

二、检查组人员

市商务局党委委员、四级调研员邢建军同志总牵头，流通业发展处处长李海鸿同志牵头负责，时间从1月29日至2月2日，分两个工作组包片负责督查检查工作：

第一组：督查检查各县，人员：李海鸿、高华。

第二组：督查检查各区，人员：庄思剑、吴维智。

连云港市商务局

2020年1月28日

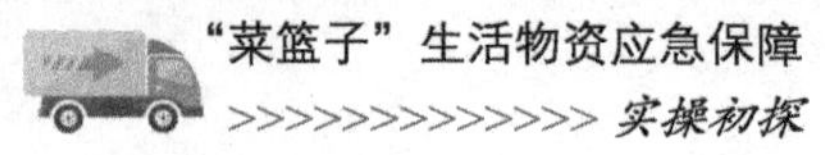

附录十四

连云港"菜篮子"日常工作规范汇编

连云港市人民政府办公室关于推进新一轮"菜篮子"工程建设的通知

（连政办发〔2010〕154号）

各县、区人民政府，市各委、办、局，市各直属单位：

为发展现代农业，增加农民收入，保障市场供应，根据《江苏省人民政府办公厅关于推进新一轮"菜篮子"工程建设的通知》（苏政办发〔2010〕62号）要求，结合我市实际，现就推进全市新一轮"菜篮子"工程建设通知如下：

一、新一轮"菜篮子"工程建设的目标任务

按照市场调节与政府调控相结合、产区与销区统筹发展、能力建设和机制创新并重、生产发展和环境保护相协调的原则，加强生产能力建设，完善市场流通设施，创新调控保障机制，争取在2015年底前实现全市肉、蛋、奶、鱼、菜、果等产品生产布局合理、总量满足需求、品种更加丰富、流通条件更加改善、调控保障有力。

二、大力强化生产基地建设

（一）进一步加强蔬菜和果品基地建设。2015年全市设施蔬菜面积达100万亩（含出口蔬菜70万亩），其中有机蔬菜3万亩、特色蔬菜50万亩（西甜瓜20万亩、洋葱12万亩、草莓7万亩、芦笋6万亩、黑菜3万亩、食用菌2万亩）、“伏缺菜”3万亩，完成全市220万亩、市区常年菜田10万亩的蔬菜基地建设任务，力争全市常年性叶菜自给率达95%以上。水果种植面积发展到42万亩，总产量2.6万吨，其中梨4万亩、苹果1.6万亩、桃6.5万亩、葡萄2.4万亩、樱桃2.6万亩、其他24.9万亩。

（二）进一步加强标准化规模养殖基地建设。2015年前全市新建或完善存栏500头规模的奶牛公寓15家、年出栏2000头以上的标准化生猪规模养殖基地（场）400个、年出栏200头以上的标准化肉牛规模养殖基地（场）50个、年存栏10000只以上的标准化蛋鸡规模养殖场150个、百万只优质家禽养殖基地（小区）8个、畜禽良种场（基地）50个。全市规模养猪比重达到80%，蛋禽达到85%，肉禽达到95%，奶牛达到100%；力争肉类自给率达98%以上，蛋类自给率达95%以上，奶类自给率达80%以上。

（三）进一步加强水产健康养殖示范基地建设。2015年前全市建成无公害水产基地40万亩、有机食品基地4万亩、绿色食品基地2万亩；年改造海淡水养殖池塘10万亩以上，建成高标准海水池塘20万亩以上，实施滩涂贝类围栏养殖20万亩以上，养殖梭子蟹、对虾、星斑川鲽等特种水产品15万亩。全市工厂化养殖车间达到40万平方米，水产品总产量达到80万吨，其中淡水养殖产量26万吨，海水养殖产量达到32万吨，淡水捕捞产量2万吨，海水捕捞产量20万吨。

三、大力强化市场体系建设

（一）加快信息化平台和物流配送中心建设。全力推进农副产品物流配送中心和现代粮食物流中心项目，加强新建住宅小区农副产品配套网点的建设，完善农副产品物流配送体系。

（二）深入开展绿色市场创建工作。积极推进"农加超"经营业态，加快农贸市场升级改造步伐和超市化进程。2015 年前每个县新建一个产地批发市场，每个乡镇改造或新建一个农贸市场。市农副产品绿色市场数达到 50%，县农村绿色市场数达到 30%，全市通过第三方认证注册的国家级绿色市场达到 30%。

（三）进一步规范蔬菜农残检测点建设。严格索证索票，推行挂牌公示、亮证经营，完善各类台账登记制度。

四、大力强化副食品加工体系建设

（一）大力推进副食品深加工。支持每县建设 1 个"菜篮子"产品重点加工集中区，引导"菜篮子"产品集聚发展，通过产业发展促进"菜篮子"的保障供应，满足不同消费群体的消费需求。

（二）全面推进生猪机械化屠宰。2015 年全市生猪机械化屠宰率达 95%，严禁手工屠宰，积极推进牛羊定点屠宰。

五、大力强化信息化管理体系建设

（一）建立信息化可追溯系统。继续大力推进农贸市场等可追溯系统建设，普及电子台秤和条码技术，基本实现农副产品全程信息化管理。

（二）注重农贸市场经营方式转变。加强市场硬件、软件的建设，努力提高农贸市场集约化管理水平；充分利用和发挥信息科技优势，提高信息化管理水平。

六、大力强化应急储备体系建设

（一）建立完善的猪肉应急储备体系。依托东海福润养殖场、灌云大南畜禽发展有限公司等企业建立猪场基本货源储备基地，保障城市基本的猪肉自给量；依托全市9家生猪定点屠宰场建立猪肉货源储备基本户，参与市场供应的保障工作；依托连云港福润食品、天缘食品、苏海肉食品等大中型流通企业建立常态性冻肉应急保障储备。

（二）建立蔬菜应急储备体系。依托市农副产品批发市场保障全市常用蔬菜一周的储备量，同时建立外地调用储备体系，保障外地蔬菜及时调入。

（三）建立禽类应急储备体系。依托全市规模养鸡场、养鸭场设立基本货源储备基地，同时将鸡蛋批销大户纳入应急保障体系，保证市场日常供应基本平稳。

（四）建立食用油应急储备体系。依托现有国有粮油储备基地、大型地方市场、超市，按照“政府委托，部门监管，企业运作”的方式储备食用油1000吨。各县分别将重点食用油加工企业纳入应急储备体系。

（五）建立应急保障反应机制。建立较为完善的社会监测保供网络，设立三级应急预警机制，充分依托猪肉、蔬菜、食用油、禽类等应急储备体系，及时防范各类“菜篮子”突发公共事件，确保市场供应充分，价格基本平稳，维护市场稳定。

七、大力强化质量安全体系建设

（一）进一步加强农产品产地准出检测工作。建立农产品（蔬菜）、畜产品、水产品产地准出、市场准入制度，加快完善联网检测点，做到有场所、有人员、有制度、有任务，形成严密的质量安全监控体系，争取农产品质量安全水平全省领先。

（二）进一步加快推广IC卡信息化交易管理系统。全面开通建设市农副产品批发市场和IC卡交易系统，建立市民查询、质量监管、源头追溯信息平台，实现买卖双方100%办证持卡交易，实行农贸市场索证入场，IC卡交易凭证随货同行，实现交易、监管与查询全程信息管理。

八、大力强化“菜篮子”工程建设的组织保障

（一）进一步强化“菜篮子”县区长负责制。各县区政府要合理确定“菜篮子”产品生产用地保有数量、“菜篮子”重点产品自给率和产品质量安全合格率等指标，并作为“菜篮子”县区长负责制的重要内容；将确保“菜篮子”产品质量、市场价格基本稳定、产销衔接顺畅、市场主体行为规范、突发事件处置及时、风险控制迅速有力、农业生态环境得到保护等纳入各地“菜篮子”工程建设考核指标体系，推进新一轮“菜篮子”工程健康发展。

（二）进一步加大部门协调力度。市建立“菜篮子”工程联席会议制度，市发展改革委、公安局、财政局、商务局、城管局、农委、卫生局、环保局、粮食局、海洋与渔业局、物价局、工商局、质监局、连云港出入境检验检疫局等部门负责人参加，主要负责研究协调“菜篮子”工程建设中的重要事项。各有关部门要立足各自职责，积极主动为“菜篮子”工程做好推进与服务工作，共同营造有利于“菜篮子”工程发展的良好环境。市“菜篮子”工程领导小组办公室负责做好牵头、协调、统筹等日常工作。各县区政府要切实加强组织领导，采取有力措施，推进新一轮“菜篮子”工程建设。

（三）进一步加大政策扶持力度。市级财政建立“菜篮子”工程应急保障专项资金，作为菜篮子工程项目的补助资金，逐步增加对菜篮子工程的投入，重点引导社会各方资金参与“菜篮子”工程建设。各县区政府要将“菜篮子”工程纳入国民经济和社会发展规划，参照设立“菜篮子”工程配套资金，加大政策扶持和资金投入力度。市各有关部门、各县区政府要切实落实国家各项补贴政策，健全完善农业补贴办法，稳定“菜篮子”产品生产；对“菜篮子”产品初加工和流通企业，简化增值税抵扣手续，取消不合理行政事业性收费；对“菜篮子”产品出口，按照有关规定减免出入境检验检疫费，继续实行出口退税政策；提高“菜篮子”产品生产用地征占补偿水平，加强现有菜地和养殖区域保护；完善重大动物疫病扑杀补贴政策，健全重大动物疫病防控工作经费保障机制；增加渔政、渔港、渔船安全设施等建设投入；严格执行规模化畜禽水产养殖用地管理政策，支持农村集体经济组织根据规划使用本集体土地建设农产品批发市场；对农产品批发市场用地符合土地利用总体规划的，应纳入年度土地利用计划，优先保障供应，按工业用地政策落实批发市场用地；对批发市场、畜禽水产养殖用水用电价格要严格执行国家规定政策。

连云港市人民政府办公室

2010 年 9 月 26 日

连云港市级"菜篮子"工程建设专项资金使用管理办法的通知

（连商发〔2011〕126号）

为了规范2011年连云港城区"菜篮子"工程建设专项资金（以下简称"专项资金"）的使用管理，提高管理水平和使用效益，促进城区"菜篮子"工程建设，根据《连云港市人民政府办公室关于印发连云港市"菜篮子"工程建设实施意见的通知》（连政办发〔2011〕106号）等文件精神和有关法律、法规，特制定本办法。

第一条 资金来源

根据2011年连云港市政府工作报告中，要健全重要农产品生产、储备和风险补贴制度，保障市场供应的要求，市财政局负责在年度预算中安排不少于1000万元，实施新一轮"菜篮子"工程并作为专项资金。

第二条 专项资金实行专项管理，专账核算，专款专用。资金的分配、审核、审批坚持公平、公正、公开的原则

第三条 本专项资金采取直接补助、以奖代补的支持方式

第四条 专项资金的使用范围

（一）蔬菜生产基地建设；畜禽生产基地建设；渔业基地建设；专业合作经济组织。

（二）农超对接（平价商店）、农贸对接、农社对接、农校对接等费用的补贴。

（三）凡符合城市规划且列入年度农副产品批发市场、农贸市场建设升级改造及新建计划。

（四）建立市场风险保障储备，以达到稳定市场、平抑物价的作用。

（五）建立“菜篮子”工程市场信息共享、咨询平台。

（六）经市政府批准的其他“菜篮子”项目补贴。

第五条 专项资金的管理要求

（一）“菜篮子”专项资金由政府统一调控使用，严格按照“菜篮子”项目支出，专款专用，不得用于补充单位办公经费，不得挪用和扩大资金使用范围。

（二）对纳入专项资金补助范围的“菜篮子”项目，由项目实施单位（个人）分别向市商务局、农委、物价等单位申报，商务局、农委、物价在对每个项目负责把关的基础上，向市“菜篮子”办公室提出书面申请，经市“菜篮子”办公室审核后，根据预定的资金安排计划提出资金补助的初步意见，报“菜篮子”领导小组审核同意后行文批复。

（三）经“菜篮子”领导小组批准，对年初列入年度项目计划的，由市“菜篮子”领导小组办公室实施；对年初未列入项目计划的，而是属实重要的项目，由市“菜篮子”领导小组办公室会同财政局报“菜篮子”领导小组同意后实施。

第六条 专项资金申报审批程序

（一）建设“菜篮子”生产十大基地。一是建设蔬菜八大基地。按照蔬菜种植规模连片面积 100 亩以上且总种植面积 500 亩以上，或者现有一定数量大棚且拟新建、扩建大棚面积不小于50亩等建设的补助项目。二是建设畜禽基地。以年出栏商品猪在10000头以上、纳入市级年度计划并与市肉品销售企业签订合同的生猪基地，以及年产量在1000吨以上的蛋禽基地建设项目。三是建设水产基地建设项目。大力推广健康养殖技术和养殖模式。蔬菜和畜禽基地建设项目，按市农委制定的《2011年“菜篮子”工程基地建设项目申报指南》申报，由市农委安排项目申报、汇总、实施，报市“菜篮子”办公室。由市“菜篮子”办公室联合相关部门，组织专家进行现场勘察筛选，经审定后，下达实施计划。水产基地建设项目申报同上。

（二）农超对接（平价商店）、农贸对接、农社对接项目。建立10家符合条件的超市开辟平价商店；10家农贸市场开辟直销区；设立20个社区直销点。市商务局会同物价局制定菜篮子产销对接相关规定，安排企业（个人）申报、汇总、实施，报市“菜篮子”办公室。由“菜篮子”办公室联合商务、物价、财政等部门核定补助项目和标准。

（三）市场建设项目。农贸市场建设新建、升级改造补助项目，由市农贸市场推进领导小组办公室安排项目申报，汇总、实施，报市“菜篮子”办公室。由市“菜篮子”办公室联合相关人员进行审定后，下达实施计划。

（四）重要副食品储备费用。由市商务局、财政局按照上级规定和本市实际，制定市级储备管理规定，重点保证猪肉、蔬菜的储备，并制定相关落实标准，报市“菜篮子”办公室备案。

（五）信息监测、预警和发布项目。“菜篮子”办公室建立市场信息共享、咨询平台，统一发布产、供、销信息。

（六）其他经政府批准实施、但不属于上述补助范围的“菜篮子”财政补助项目的申报审批程序，由市“菜篮子”办公室和市财政根据具体情况另行确定。

第七条 专项资金的检查监督

（一）市“菜篮子”办公室和市财政负责对“菜篮子”专项资金的使用情况进行监督检查，检查可以采用事中抽查、事后跟踪检查等方式。项目完成后，由市“菜篮子”办公室组织相关单位专家进行验收，确保专项资金安全有效使用。

（二）“菜篮子”项目承担单位（个人）在项目资金申报时必须本着实事求是、精打细算、厉行节约的原则，不得以少报多或弄虚作假。项目资金使用时要按照项目的要求和国家有关财务制度规定进行单独核算，并加强管理。

（三）审计部门要加强对“菜篮子”专项资金的监督，对个别弄虚作假、挪用资金等违反财经纪律的行为，应按国家有关规定对项目承担单位或相关人员给予行政处分和经济处罚。

第八条 本办法由“菜篮子”工作领导小组办公室、市财政局负责解释。

第九条 本办法从发布之日起实施。

附件：“菜篮子”工程项目补助安排方案

连云港市商务局

2011 年 12 月 6 日

附件：

“菜篮子”工程项目补助安排方案

一、“菜篮子”生产十大基地

1．蔬菜基地。对于列入市级“菜篮子”基地，完成合同要求的各项指标，并通过考核验收的蔬菜基地的基础建设和设施配套项目，每个基地一次性补助总额 25 万元。2011 年补助总额不超过 200 万元。

2．畜禽蛋基地。对列入市级“菜篮子”基地，自主申报实行畜禽蛋良种化、设备设施化、防疫规范化、模式生态化、管理制度化、饲养科学化为主要内容的标准化提升改造建设项目，完成合同要求的各项指标，并通过市级考核验收的，每个基地一次性补助 30 万元。2011 年补助总额不超过 60 万元。

3．水产基地。对于列入市级“菜篮子”基地，完成合同要求的各项指标，并通过考核验收的基础建设和设施配套项目，每个基地一次性补助总额 20 万元。2011 年补助总额不超过 40 万元。

二、农超对接、农贸对接，农社对接等项目

1．农超对接。建立 10 家平价超市，对于列入市级“菜篮子”平价超市的企业，符合平价条件的，具体标准根据其所在地段、平价区域面积和商品品种数及销量而定，原则上每个超市不超过 5 万元。2011 年补助总额最高不超过 50 万元。

2．农贸对接。建立 10 家农贸市场直销区，对于列入市级

“菜篮子”的市级农贸市场，符合条件的，具体标准根据其所在地段、每家农贸市场免费的摊位数和销售商品品种数，原则上每家补助不超过 3 万元。2011 年补助总额最高不超过 30 万元。

3. 农社对接。对于列入市级“菜篮子”市级社区直销点的单位，符合条件的，具体标准根据其所在地段、每家社区设施配套建设及销售商品品种和数量，原则上每家补助不超过 4 万元。2011 年补助总额最高不超过 80 万元。

三、市场建设项目

按照《连云港市市区农贸市场升级级改造工作实施方案》，用 5 年时间（2011—2015 年）全面完成市区 32 家农贸市场和升级改造工作。2011 年，升级改造 5 个农贸市场，升级改造市级标准化菜市场内储藏保鲜设施、交易设施、检验检测系统等设施建设，原则上每家补助不超过 50 万元，2011 年补助总额最高不超过 300 万元。

四、重要副食品储备费用

1. 猪肉储备。根据《江苏省人民政府办公厅关于搞活流通扩大消费的意见》（苏政办发〔2009〕12 号）和《省经贸委、省发展和改革委、省财政厅关于落实猪肉储备有关工作的通知》（苏经贸商运〔2009〕197 号）文件精神，按照市区每人每天 2 两肉、7 天标准落实市级储备肉 500 吨任务。按照商业储备方式，储备费用及贴息补助，储备费用 100 万元。

2. 蔬菜储备。根据《连云港市人民政府办公室关于转发连云港市中心城区蔬菜应急保供预案的通知》（连政办发〔2011〕8 号）文件精神，储备费用 100 万元。

五、信息监测、预警和发布项目

建立覆盖"菜篮子"主要品种的生产、流通、消费各个环节的信息监测、预警和发布制度，及时监测种植面积、产量、交易量、库存量及价格。所需资金40万元。

各项工程项目申报要求

一、“菜篮子”产品生产基地条件按照《连云港市人民政府办公室关于印发连云港市“菜篮子”工程建设实施意见的通知》（连政办发〔2011〕106号）要求组织申报

（一）申报范围

项目建设基地须在连云港市行政区域范围内。项目申报主体为企业的，企业登记注册地须在连云港市。

（二）申报程序

1. 项目实施主体根据当年《市“菜篮子”工程基地建设项目申报指南》申报，向所在区、县主管部门申报。

2. 各区、县主管部门审核后，向市农委、海洋与渔业局主管部门推荐上报当地建设项目。

3. 市农委、海洋与渔业局根据要求，择优推荐上报市“菜篮子”办公室。

（三）申报材料

1.《2011年连云港市“菜篮子”基地建设项目申报书》。

2. 附件材料包括项目基地平面图，土地性质或来源证明材料，现有生产布局及年度生产计划等。

二、“菜篮子”产销对接工程条件按照《连云港市“菜篮子”工程建设实施意见》要求组织申报

（一）申报范围

项目建设须在连云港市行政区域范围内。项目申报主体为企业的，企业登记注册地须在连云港市。

（二）申报程序

1. 项目实施主体根据当年连云港市《关于在市区建立平价商店的通知》要求组织申报。

2. 市商务、物价等部门按照平价商店考核细则，每季度上报市“菜篮子”办公室。

（三）申报材料

1. 平价商店项目申报表。

2. 平价柜台（直销区）平面图。

3. 每月销售报表及电子台账。

三、“菜篮子”市场建设工程任务重，投资大，周期长，市农贸市场推进领导小组组织实施

四、“菜篮子”储备保障工程条件按照《连云港市“菜篮子”工程建设实施意见》的要求组织申报

（一）申报范围

项目须在连云港市行政区域范围内。项目申报主体为企业的，企业登记注册地须在连云港市。

（二）申报程序

1. 猪肉储备按照《连云港市商务局、连云港市财政局关于印发〈连云港市市级猪肉储备管理暂行办法〉的通知》要求执行。

2. 蔬菜储备按照《连云港市人民政府关于转发连云港市中心城区蔬菜应急保供预案的通知》（连政办发〔2011〕8号）要求

执行。

3．其他生活必需品的储备项目实施单位分别向市区商务主管部门申报，市区商务部门择优推荐上报市“菜篮子”办公室。

（三）申报材料

1．生活必需品储备项目申报表。

2．生活必需品储备地点平面图。

3．储备企业相关资质。

五、关于食品安全工程、产供需信息工程将根据各部门的职能，在项目申报中统筹安排

六、其他经政府批准实施、但不属于上述补助范围的“菜篮子”财政补助项目的申报审批程序，由市“菜篮子”办公室和市财政局根据具体情况另行确定

连云港市商务局

2011 年 12 月 6 日

2011年连云港市"菜篮子"生产基地建设实施办法

（连商发〔2011〕120号）

为规范连云港市"菜篮子"基地建设项目实施，提高项目建设水平和实施绩效，根据《连云港市人民政府办公室关于印发连云港市"菜篮子"工程建设实施意见的通知》（连政办发〔2011〕106号）精神，制定本办法。

一、总体目标

因地制宜、突出特色，实现基地产业布局区域化、生产标准化、管理集约化、产品品牌化，大力实施"菜篮子"生产基地规模工程，以保障市场供应、丰富居民菜篮子，实现全市"菜篮子"工程"一控二低三高"的总体目标。

二、实施地点及要求

要标明区乡（镇）村和精确的GPS定位。

（一）蔬菜基地建设。以发展城郊设施叶菜基地为重点，突出城市周边，突出叶菜类品种、速生蔬菜品种以及食用菌等周年供应的品种。

1. 标准园创建。一是建设良好的沟、渠、排灌站和田间道路等基础设施，保证旱能灌、涝能排，生产的产品能运出去。二是产品质量安全管理和标准化生产推进等方面，包括应用频振式杀虫灯、防虫网、生产档案记录、购置产品农残检测仪器及试剂、质量追溯体系建设、技术指导服务等。创建要求新建规模连片面积 100 亩以上，且总种植面积 500 亩以上。

2. 保护设施创建扶持以保（增）温为主的日光温室、钢架大棚、连栋大棚、智能温室。对新建、扩建的设施，现有一定数量面积且拟新建、扩建面积不小于 50 亩。

（二）畜禽基地建设。一是养殖场选址布局科学合理，畜禽圈舍、饲养和环境控制等生产设施设备满足标准化生产需要。二是制定并实施科学规范的畜禽饲养管理规程，严格遵守饲料、饲料添加剂和兽药使用有关规定。三是防疫设施完善，防疫制度健全，科学实施畜禽疫病综合防控措施，对病死畜禽实行无害化处理。四是畜禽场粪污处理方法得当，实现粪污资源化利用或达到相关排放标准。规模要求：年出栏商品猪在 10000 头以上并与市肉品销售企业签订合同的规模场、年产在 1000 吨以上的蛋禽基地。

（三）水产品生产基地建设。重点扶持 1500 亩以上连片池塘标准化改造及水路电等配套设施建设，推进水产品质量安全管理和标准化生产，应用无公害养殖技术、建立生产档案记录、购置产品快速检测仪器及试剂、建立质量追溯体系、开展技术指导服务等。

三、质量建设

保证产地环境符合“菜篮子”商品质量卫生安全要求。加强对种子、化肥、农药、兽药、饲料及饲料添加剂等农资和农业投入品监管，大力推行标准化生产，制定和完善产地环境、生产过程等标准以及相关技术规范，使“菜篮子”商品在生产、加工、流通等各个环节都有标准可依。深入开展无公害农产品、绿色食品、有机食品的认证工作，所有市级蔬菜基地、生猪基地、禽蛋基地、水产基地都要达到无公害要求。各规模型种植基地、养殖基地要向标准化、包装化、条码化方向发展，并申请注册自己的商标、品牌。

四、主要指标

1．创建标准园，要求新建规模连片面积 100 亩以上，且总种植面积 500 亩以上。农超对接、农贸对接，农社对接的基地上市量，按申报的生产品种不低于总产量 30%。

2．保护设施创建现有一定数量面积且拟新建、扩建面积不少于 50 亩。农超对接、农贸对接，农社对接的基地上市量，按申报的生产品种不低于总产量 30%。

3．畜禽基地建设，年出栏商品猪在 10000 头以上、年产在 1000 吨以上的蛋禽基地。农超对接、农贸对接，农社对接的基地上市量，不低于总产量 90%。

4．水产基地，淡水鱼养殖面积在 500 亩以上，年产量在 500 吨以上的基地。农超对接、农贸对接、农社对接的基地上市量，不低于总产量的 80%。

五、保障措施

成立项目领导小组和项目执行小组。项目执行小组由项目负责人和有关专家组成。根据项目要求，项目负责人对项目负责。项目落实后，制定详细的实施方案，报送市“菜篮子”工程领导小组办公室（一式三份），审批后，严格按实施方案开展项目，保证项目按时按质按量完成。

建立定期汇报制度，每季度总结项目进展情况，执行专家和项目负责人检查项目执行情况，指出存在的问题，提出补救措施，并向主管部门汇报。

项目实施单位、合作单位要明确责任合理分工。

六、绩效管理

基地一经确定，保持长期稳定。项目实施主体要严格按实施方案要求组织实施，不得擅自调整项目建设内容、规模、标准、地点。因特殊原因发生项目变更的，区产业主管部门应书面报请市“菜篮子”办公室审批同意后方可实施。

由市“菜篮子”工程领导小组组织有关单位成立绩效考评小组，对生产基地根据以下办法考评（总分值 100 分，90 分以上为合格），合格者给予生产奖补。

1. 组织管理（15 分）。考核内容包括有明确的经营（管理）主体，并具有法人资格。基地实行统一生产技术指导、统一标准、统一品牌、统一经销等规范的经营管理模式。建立健全岗位责任、质量安全、生产管理等管理制度，并落实到位。基地规划布局合理，有简明直观的基地布局平面示意图等。服从市“菜篮子”工程领导小组办公室领导。

2. 基地规模（20 分）。考核内容包括基地规模按照项目分类分别达到基本标准。

3. 基础设施（20 分）。考核内容包括基地内基础设施和生产设施配套完善，蔬菜基地沟、渠、路等基础设施齐全并实现硬化，水、电、大棚等生产设施配套完善，大棚面积不低于基地总面积的 30%。畜禽基地按规定设立消毒室、更衣室、兽医室、无害化处理设施和畜禽粪便、污物综合处理设施，并相对独立。

4. 质量安全（20 分）。考核内容包括符合无公害化基地生产标准。建立覆盖种植养殖、加工、经营全过程的质量安全管理档案，确保产品质量的可追溯性、质量安全档案包括种（苗）繁育、饲料配方、疫病（虫害）防治、农（兽）药使用、无害化处理的档案和记录，配备具有持证资格的专业技术人员，对生产全过程实施的技术指导和质量安全把关。

5. 产品销售（25 分）。生产的产品供应我市本地市场的比例，蔬菜基地达到基地总产量的 30% 以上，畜禽基地达到 90% 以上。

6. 加分减分项。实行品牌化战略，基地产品具有注册商标，标志标识符合规定的加 3 分；获得无公害生产基地、绿色食品、有机产品等认证、认定，且在有效期内的，每项加 1 分。近两年内被上级有关部门检测到违规使用农业投入品，或因产品质量问题受到市级以上新闻媒体曝光，经调查属实的，发生一次扣 5 分，发生两次的退出市级菜篮子基地。

连云港市商务局

2011 年 11 月 10 日

连云港市商务局 连云港市财政局 关于购置“菜篮子”工程配送车补助申报的通知

（连商发〔2013〕30号）

各县区商务（经发、科教）局、财政局：

为贯彻落实国家有关鲜活农产品“绿色通道”政策，减少流通费用，保证城区市场供应，现就购置“菜篮子”工程配送车补助申报要求如下。

一、申报原则、对象

突出重点原则。

经市政府批准“菜篮子”生产基地；批准的“菜篮子”配送中心；直接从事“菜篮子”工程的市级经营流通企业；四县长期专门为连云港市区服务的“菜篮子”企业。

自愿有偿原则。购车单位自愿报名，并承担部分购车费用。

二、申报数量

各县区按照条件落实上报购车单位。市“菜篮子”办、市财政局按照工作业绩、实际需求、运营范围，从中筛选出30家左右为购车补助单位。具体要求，各县上报数量不超过5台，各区上报数量不限。

三、配送车型

发放江铃顺达单长厢式货车，3360轴距车型，4.2米×1.76米×7.73米。1.7吨蓝牌，助力转向，空调。全部费用预计在8.5万左右。

四、提交申报材料

有购车意向的单位，须填写连云港市“菜篮子”工程配送车购车申请表，经当地“菜篮子”办、财政部门审核后，由县区“菜篮子”办、财政部门于 月 日前上报市“菜篮子”办、财政局各一份，逾期不予受理。

同时，购车单位须向所在县区“菜篮子”办提交单位营业执照副本原件及复印件、单位组织机构代码证原件及复印件和单位法人代表身份证原件及复印件各 1 份，以便办理挂牌等手续。

五、车辆购置补贴及发放程序

配送车每车市财政补助资金 5 万元，根据补助车辆的数量，补助资金由市财政局直接汇到市采购中心。购车差额及购置税、保险、挂牌、喷绘等费用，由购车单位直接汇到市采购中心。

市采购中心：

开户行：

账号：

配送车辆实行统一采购，统一办理手续，统一车体喷绘，统一车体颜色，统一车体（厢）规格，集中发放。

六、车辆管理及产权归属

1. 配送车辆发放后归申请单位所有，三年内不得转让买卖。

2. 各县区商务和财政要及时进行摸底，将此文件精神及时通知符合条件的企业。

附件：连云港市“菜篮子”工程配送车购车申请表

连云港市商务局 连云港市财政局

2013 年 3 月 1 日

附件：

连云港市“菜篮子”工程配送车购车申请表

<table>
<tr><td>单位名称（公章）</td><td></td><td>企业法人登记号</td><td></td></tr>
<tr><td>单位地址</td><td></td><td>企业注册资金</td><td></td></tr>
<tr><td>法人代表姓名</td><td></td><td>身份证号码</td><td></td></tr>
<tr><td>主要服务区域</td><td></td><td>年运输量</td><td></td></tr>
<tr><td>单位类别</td><td colspan="3"></td></tr>
<tr><td colspan="4">县区“菜篮子”办、财政主管部门审核意见

20　年　月　日（公章）</td></tr>
<tr><td colspan="4">市“菜篮子”办、财政局审核意见

20　年　月　日（公章）</td></tr>
</table>

说明：单位类别是指“菜篮子”生产基地、配送中心、生产经营组织

2013年连云港市“菜篮子”工程配送车购置补助申报指南

为贯彻落实国家有关鲜活农产品“绿色通道”政策，减少流通费用，保证城区市场供应，特制定“菜篮子”工程配送车购置补助申报指南。

一、申报原则

突出重点原则。为港城“菜篮子”生产基地和直接从事“菜篮子”工程配送的经营组织，主要供应城区的产品企业。

自愿有偿原则。购车单位自愿报名，并承担部分购车费用。

二、申报对象

购置申报对象原则上为港城“菜篮子”生产基地和直接从事“菜篮子”工程配送的经营组织，在补助资金优先满足主要供应城区的产品企业。

三、申报数量

各县、区共推荐60家购车单位。市“菜篮子”办、市财政局按照工作业绩、实际需求、运营范围，从中筛选出50家为购车补助单位。具体数量分配如下：

新浦区：12；连云区：7 ；海州区：6；开发区：3；徐圩新区：2；云台山景区：2；赣榆县：7；东海县：7；灌南县：7；灌云县7。

四、提交申报材料

有购车意向的单位，须填写连云港市“菜篮子”工程配送车购车申请表，经当地“菜篮子”办、财政部门审核后，由县区“菜篮子”办、财政部门于5月1日前上报市“菜篮子”办、财政局各一份，逾期不予受理。

同时，购车单位须向所在县区“菜篮子”办提交单位营业执照副本原件及复印件、单位组织机构代码证原件及复印件和单位法人代表身份证原件及复印件各1份，以便办理挂牌等手续。

五、车辆购置补贴及发放程序

配送车每车市财政补助资金6万元，根据补助车辆的数量，补助资金由市财政局下达到市商务局。购车差额及购置税、保险、挂牌、喷绘等费用，由购车单位上缴市“菜篮子”办。

配送车辆实行统一采购，统一办理手续，统一车体喷绘，统一车体颜色，统一车体（厢）规格，集中发放。

六、车辆管理及产权归属

配送车辆发放后归申请单位所有，三年内不得转让买卖。

具体管理措施参照《连云港市“菜篮子”工程绿色通道通行证管理细则》。

附件：1. 连云港市“菜篮子”工程配送车购车申请表（略）

2.“菜篮子”工程配送车购置汇总表（略）

连云港市商务局　连云港市财政局

2013年3月1日

连云港市商务局 连云港市财政局
关于上报周末蔬菜直销点通知

（连商发〔2013〕46号）

各区商务局、财政局：

为了做好2013年周末蔬菜直销工作，现将有关事项安排如下：

1. 重新筛选蔬菜直销点。直销点要选在中低收入群体聚集区域或“偏”“散”“远”居民买菜不方便及人口居住相对集中、蔬菜消费需求较大，且周边没有农贸市场或蔬菜销售网点的区域建立周末直销市场。对2012年已经运行但符合条件的可继续上报。

2. 设立社区周末蔬菜直销点，销售组织方式要以社区为主，各区商务、财政部门要加强指导，确保惠民落到实处。

3. 各区按照规定将符合条件的社区场点填写附表于4月15日上报，市商务局、财政局组织相关人员进行实地察看，确定周末蔬菜直销点。

2013年选定的周末蔬菜直销点仍按《关于建立周末蔬菜直销市场的通知》（连商发〔2012〕94号）精神进行政策扶持。

附件：周末蔬菜直销点

连云港市商务局　连云港市财政局

2013年4月10日

附件：

周末蔬菜直销点

单位（盖章）：

社区名称	地址	联系人	联系电话	符合条件内容

连云港市商务局
关于推进“菜篮子”工作情况报告

《连云港市“菜篮子”工程建设实施意见》于2011年7月下发以来，市商务局、物价局、农委、市财政局等单位围绕各自职能，在市“菜篮子”办公室统一协调下，按照建设“菜篮子六大工程”要求，各项工作逐步展开，具体工作情况汇报如下：

一、制定实施细则，为开展“菜篮子”工作提供依据

根据《连云港市“菜篮子”工程建设实施意见》要求，市商务局、市物价局制定了《关于建设平价商店稳定“菜篮子”价格的实施细则》；市农委、市商务局《关于2011年“菜篮子”工程生产基地建设项目的实施细则》；市商务局、市海洋与渔业局制定下发了《关于申报“菜篮子”工程渔业基地建设项目的实施细则》；市商务局、市财政局联合下发了《连云港市市级猪肉储备管理实施细则》；市商务局、市财政局制定了《连云港市市级“菜篮子”工程建设专项资金使用管理办法》，为工作打下基础。

二、举行首批揭牌、授牌，为“菜篮子”供应提供保障

1．确立首批16家平价超市并揭牌。根据省《关于推进平价商店建设稳定“菜篮子”价格的意见》和市“菜篮子”等文件精神。市商务局、市物价局积极开展调研，开始探索建立平价商店的路子。市商务局利用在南京开会期间，组织相关人员进行调研学习，市物价局通过电话等其他不同形式向兄弟市讨教做法。在学习外地经验的基础上，市商务局、市物价局根据本市实际，按照布局合理、便民的原则，对上报的50家超市进行逐一验收，第一步确立以本地连锁企业为龙头的16家平价超市，并于2011年8月举行第一批揭牌仪式。平价超市已做到“两统一”“四上墙”，即门面装潢和明码标价相统一，服务公约、社会公约、价格对照表、投诉电话上墙。

2. 确立首批10家生产基地。市农委、市海洋与渔业局根据要求，积极组织企业上报，并组织相关人员对上报的项目进行实地验收，对于蔬菜基地、畜禽基地、渔业基地的项目在符合要求的基础上，优先保证城市供应，并与我市确定的平价商店以及批发市场、农贸市场签订协议，按比例供应城区。验收小组将对上报的项目和实地验收情况，确定生产基地单位，并对生产基地举行授牌仪式。

3. 猪肉、蔬菜储备基本到位。为了保证应急状态下的市场供应，按照城区每人每天2两肉、7天标准，500吨猪肉储备任务已储备到位。蔬菜重点储备大白菜、包菜、土豆、洋葱、冬瓜等常规品种为主，总量不低于1000吨，保障市区6天消费的任务正在落实中。

三、加大产销对接，让惠民利民落到实处

搭建平台，建立农超对接机制。利用“菜篮子”生产基地和平价商店契机，召开座谈会，互通信息，让产与销建立长久的关系。从市物价局、商务局对16家平价超市检查的情况来看，经营的平价商品主要为群众基本生活必需的农产品（以蔬菜类为主），低于市场价格销售。其中，蔬菜品种不少于15种，经营的地产蔬菜零售价格低于市场同类品种 15% 以上的幅度，经营的外地蔬菜品种价格也应略低于市场同类品种的平均价格水平。直销区每天推出不少于 5 个品种低于 1 元的价格销售等要求基本落实到位，16 家平价超市每日平均销售蔬菜达 2 万元，直接惠民金额每日达 3500 元。

四、下一步工作安排

贯彻《连云港市“菜篮子”工程建设实施意见》要求，在前期完成的基础上，下一步重点做好以下工作：

1. 加大“菜篮子”平价超市推进工作。一要保质保量完成年度目标任务。继续把建设平价商店作为稳定物价总水平、保障民生的一项重要工作抓紧抓好，进一步加快推进速度，扩大建设规模，逐步推动平价商店全面覆盖，力争完成年内再建 26 家以上平价商店的目标任务。二要加强平价商店规范管理。按照“政府监管、社会监督、企业自律”的要求，健全完善平价商店规范管理长效机制，做到平价商店真正平价。制定价格异常波动处置预案以及平价商店考核、退出机制，对平价商店实行动态管理。督促平价商店加强内部管理，建立健全明码标价、台账、质量检测等制度，依法规范经营，完善在醒目位置张贴或悬挂承诺书、诚信公约、食品安全信息、平价农副产品与市场平均价格对比表及投诉举报电话等，接受社会监督。

2. 加大“菜篮子”生产基地推进工作。一是扩大种植面积，增加种植品种。引导“菜篮子”生产基地增加叶菜种植面积，确保春节期间的市场供应。二是将更多的蔬菜基地纳入“菜篮子”生产基地，让市区的供应品种更加丰富，价格更加优惠。

3. 规范产销对接。按照“政府搭台，企业唱戏”原则，加大引导农产品流通企业与“菜篮子”生产基地建立长期稳定的产销对接关系力度，从而进一步拓展农民增收渠道、提高农产品供给质量，更好地发挥出“菜篮子”工程促进农业生产和保障居民消费的重要性。

连云港市商务局
2011 年 9 月 10 日

2012年连云港市生活必需品市场供应应急预案

为有效预防，及时控制和消除突发事件引起的生活必需品市场异常波动，建立健全突发事件生活必需品市场供应预警和应急处置机制，保证市场供应，维护社会稳定，根据商务部《生活必需品市场供应应急管理办法》，结合我市实际，制定本预案。

一、应急指挥体系

设立市生活必需品市场供应应急工作领导小组（以下简称领导小组），在市人民政府领导下开展生活必需品市场供应应急工作。由市政府分管商务工作的副市长担任领导小组组长，联系商务工作的政府副秘书长任副组长，成员由商务局局长、物价局局长、公安局局长、财政局局长、交通局局长、农委主任、卫生局局长、工商局局长、粮食局局长、监察局局长、市委宣传部副部长等有关部门负责人组成。领导小组办公室设在商务局，负责日常工作。

二、领导小组职责

1. 指挥开展生活必需品市场供应应急工作。

2. 根据市场形势，判断生活必需品供求状态，提请市政府决定实施和终止应急行动。

3. 研究、协调应急工作的有关事项和问题。

4. 及时向政府和上级有关部门报告事态变化情况，向社会公布有关信息。

5. 组织落实政府和市场应急工作领导小组交办的其他应急工作任务。

三、成员单位分工

市商务局具体负责市场供应应急工作的综合协调和部门衔接，实施应急商品的市场监测和调控工作，组织应急供应商品的调剂、销售等事宜；完成政府、领导小组和上级商务部门交办的其他任务。

市委宣传部负责按照有利于市场稳定的原则组织宣传报道。

市物价局负责加强价格监督管理，必要时实施价格干预等经济措施，开展价格监督检查，坚决打击价格违法行为，保持市场价格稳定。

市公安局负责维护和生活必需品供应场所的治安秩序，维持应急商品运输交通秩序，及时打击扰乱市场秩序的犯罪活动。

市财政局负责保障市场供应应急事项所需的有关费用。

市交通局负责根据调运方案，及时组织应急商品的运输。

市农委负责根据市场需求，及时组织农产品、畜产品的生产、供应；负责种植、养殖环节的质量安全监督。

市海洋与渔业局根据市场需求，及时组织水产品的生产、供应及质量安全监督。

市卫生局负责对食品流通及生产经营的卫生监督管理，处理食品污染及危害人体健康的事件。

市工商局负责规范市场主体经营行为，进行市场监管，查处流通领域侵犯消费者权益的案件，严厉查处销售假冒伪劣商品等各类违法经营活动，维护市场秩序。

四、市场异常波动的界定和级次

本办法所称市场异常波动，是指因突发严重自然灾害、事故灾害、公共卫生事件、社会安全事件，或其他事件造成的粮食、食用油、肉类、蔬菜、蛋品、水产品、食盐、食糖和卫生清洁用品等生活必需品供求关系突变，在较大范围内出现市场供应紧缺，导致一类以上的商品价格一周内上涨 30% 以上，或出现较大面积商品脱销、滞销的状态。按照商务部生活必需品市场供应应急管理办法规定，市场异常波动按照影响范围大小，分为四级：一级市场异常波动是指全国或跨省、自治区、直辖市的市场异常波动；二级市场异常波动是指发生在一个省、自治区、直辖市较大范围或一个计划单列市、省会城市的市场异常波动；三级市场异常波动是指发生在一个设区的市较大范围的市场异常波动；四级市场异常波动是指发生在一个县内的市场异常波动。

五、监测报告和预警

1. 市商务局负责建立生活必需品监测预警系统，实行信息报送制度。市商务局根据领导小组和上级商务部门的部署，结合我市实际，制定全市监测工作方案，组织监测粮食、食用油、肉类、蔬菜、蛋品、食盐、食糖和卫生清洁用品等生活必需品供求情况，并适时调整监测品种、范围和监测时间，建立市场监测网络运行，相关部门要及时、准确、完整地将监测到的数据信息报送市商务局汇总。

2. 市商务局实行市场异常波动报告预警制度。大中型批发、零售企业如出现抢购。导致一类以上的商品价格一周内上涨 30% 以上或出现严重断档脱销现象，应当在 1 小时内向商务局报告；商务局监测到市场异常波动或接到报告后，应立即组织力量进行调查核实。经过确认，在2小时内向领导小组和省、市商务主管部门报告。经核实确认为四级市场异常波动时，市商务局应当提请领导小组组织有关单位研究启动应急预案。

六、应急处理

针对下列突发事件，商务部门应会同有关部门重点做好以下商品的市场供应：

1. 发生地震、泥石流、海啸等局部性地质类灾害，要重点做好方便食品、瓶装饮用水、防寒衣被、照明用品、帐篷、净水器、卫生清洁用品等市场供应。

2. 发生冰冻雨雪、洪水、干旱等大范围气象灾害，要重点做好耐储存蔬菜、粮食、肉类、鸡蛋、方便食品、照明用品、防寒衣被等市场供应。

3. 发生群体性疾病、动物疫情等易扩散公共卫生事件，要重点做好卫生清洁用品、防护用品、粮食、食用油、食盐、畜禽产品、方便食品等市场供应。

4. 发生核泄漏等事故灾难，要重点做好粮食、食用油、食盐、方便食品、瓶装饮用水、防辐射用品的市场供应。

市场异常波动发生后，由市商务局向领导小组提出应急处理方案，领导小组提请市政府批准后，各有关部门在领导小组领导下立即采取如下措施：

1. 相关部门加强对生活必需品市场动态监测归口商务局汇总，监测信息实行日报，同时各相关部门应加强对市场的巡查，发现异常情况，及时向领导小组办公室报告，实行24小时值班制度，确保信息畅通。

2. 市委宣传部及时协调报刊、广播、电视等新闻媒体报道政府负责人或商务部门负责人向社会通报市场供求状况，消除消费者心理恐慌，正确引导消费。

3．市商务局会同有关部门督促流通企业和生产企业、供货商积极组织货源，动用商业库存，保障市场供应。

4．市商务局会同有关部门按照市异常波动发生前的合理价格从周边未发生市场异动的地区紧急组织调运生活必需品、交通工具以及相关设施。

5．动用储备商品投放市场。市商务局每年先动用市级储备的原则向市场投放储备商品。当市级不足时，由市商务局按程序向上级商务主管部门申请储备物资进行投放。市商务局应及时向社会公布储备商品投放地点、时间和价格等情况。市级储备商品原则上安排承担监测任务的样本企业投放市场。

6．情况特别严重时，可暂时实行统一发放、分配和定量销售。

七、保障措施

1．建立生活必需品储备制度。市商务局会同有关部门做好生活必需品的收储和管理工作，在我市选择一批资质好、信誉高、规模较大的大型企业，安排储备任务。农业产业化龙头企业和大型商业企业应保留必要的企业周转储备。

2．市商务局确定一批大中型商场和重点企业，协调建立重要生活必需品应急供应和运输网络，落实紧急状态下重要生活必需品的征购、加工、投放和承运企业。建立档案，报省、市商务部门备案，每年查证落实联系方式、生产结构、生产能力等情况，并适时调整。

3．公安、工商、物价局加大执法力度，严厉打击囤积居奇、哄抬物价、牟取暴利、破坏市场经济秩序以及制售假冒伪劣商品、损害消费者利益等违法犯罪活动，依法从重从严从快惩处。必要时实行价格干预措施或紧急措施。

4. 建立应急商品快速通道，不得乱设关卡，确保应急商品运输畅通。

5. 领导小组指令组织调动、投放应急商品发生的各项额外费用，由市财政合理补助，以形成快速反应、保障有力的市场调控机制，稳定市场应急商品供应。

八、责任追究

对不执行本预案实施商品供应应急措施，违背领导小组命令拒不承担应急任务的；贪污、挪用、盗窃应急工作经费或物资的；有特定责任的国家工作人员在应急期内玩忽职守的；对商品应急工作造成危害的。

生活必需品销售和储运单位及其人员有下列行为的，未按照规定履行市场异常波动报告职责，隐瞒、缓报、谎报或者漏报的；未按照规定报送监测资料的；购进、销售假冒伪劣商品及囤积居奇、哄抬物价的；未按照规定及时采取组织货源等预防控制措施的；拒绝服从商务主管部门调遣的；拒绝、阻碍或者不配合现场调查、资料收集及监督检查的。

根据情节轻重，对直接责任人及主要负责人给予相应的行政处分，对有关单位予以通报批评；违反国家行政法律法规规定的，由有关行政部门予以处罚；构成犯罪的，由司法部门依法追究刑事责任，以确保供应生活必需品市场供应应急预案落到实处。

连云港市商务局
2012 年 4 月 15 日

连云港市商务局市场供应工作方案

为了贯彻落实江苏省政府办公厅《关于稳定发展促进生猪生产保证市场供应和价格基本稳定的通知》文件精神，切实做好猪肉等副食品和市场稳定工作，连云港市商务局切实履行好职责，进一步加强生猪屠宰管理，千方百计保障市场供给。

一、产销运行机制比较完善

经过近年来改革探索，我市生猪产品产销运行完全实现了市场化，大生产、大市场、大流通的格局基本形成，政府调控机制日趋完善。市商务局通过规划指导农产品市场体系建设合理布局，健康发展；争取国家、省级资金扶持批发市场基础设施建设，与金融部门合作利用信贷资金共同支持推动市场升级改造；鼓励发展农产品连锁经营，引导"生猪产品向超市直供直销；大力培育农产品经纪人队伍，引导经纪人带动农民积极闯市场；举办各种展会，组织农商互动，合作共赢见面会，开展网上对接，多种形式信息提供营销促销服务；建立健全市场应急购销网络，促进了生猪产品顺畅流通。

目前，我市以批发市场为中心、以集贸市场为基础、以连锁超市和电子商务为先导的流通体系，已成为保障产品供应的主要渠道和有力手段。市商务、公安、交通等部门出台了鲜活农产品运输"绿色通道"政策，减免运输通行费用，组织清除公路乱收费、乱设卡、乱罚款，促进了流通效率的提高。“买全国、卖全国”已逐步成为常态，生猪产品供应的季节差别、地区差别不断缩小，市场繁荣，购销两旺。

二、我市生猪生肉品基本情况

目前，我市的市、县、乡级生猪定点屠宰厂（场）60家，年平均屠宰生猪160万头，有近60%的猪源调出本市，货源充足，能够满足市场的供应需求，我市市区日均消费生猪肉量约600头，随着全国生猪猪源减少和中秋、国庆供应量的加大，猪肉市场供应会导致猪源大量外流，造成局部市场供应货源短缺和价格波动。

为了进一步解决当前生猪等食品出现供求紧张引起价格上涨的问题，市商务部门将做以下几方面的工作。

（一）做好市场监测、分析和预警

完善生活必需品市场监测等系统，继续做好生猪等“菜篮子”商品供求形势和价格变化的市场信息，重点掌握生猪屠宰、加工、批发、零售各环节销售量等具体情况。以翔实数据、准确信息为基础，每周定期对“菜篮子”商品市场供需状况和价格走势进行深入分析，及时进行预测、预警。要通过广播、电视、报刊、互联网等媒体发布“商务预报”，及时发布“菜篮子”商品市场信息，指导督促企业准确及时报送市场信息，引导消费，指导生产。

（二）完善应急调运机制

根据商务部《生活必需品市场供应突发事件应急预案》总体要求，立即成立“菜篮子”市场供应领导小组，认真研究市场供求形势，针对突出问题制订和完善市场应急供应预案。加强应急商品数据库建设，督促企业及时报送数据，准确掌握应急商品重点联系企业的产销、存、运情况，建立应急商品快速调运机制，提高统筹利用社会资源的能力，尽快选择一批规模大、信誉好的加工及批发零售企业，建立"菜篮子"商品"一条龙"加工投放网络，并会同有关部门制定应急投放费用补贴政策。

（三）组织做好产销衔接

要本着"企业为主体、市场化运作、政府积极推动"的原则，加强各种形式的重要产销衔接工作，指导食品加工企业与种植、养殖户签订长期订购合同，建立稳定的供货渠道。采取定点直供等措施，确保大中专院校食堂"菜篮子"商品供应稳定。做好节日市场供应工作，落实今年中秋、国庆等节日市场供应紧张商品货源。

（四）建立和完善猪肉储备体系

建立猪肉应急储备，完善市场调节功能。为确保市场不脱销、不断档，尤其是要保障好中秋、国庆两节期间的市场供应。按照城区每人每天 2 两肉、7 天标准，500 吨猪肉储备任务在中秋节前基本到位。蔬菜重点储备以大白菜、包菜、土豆、洋葱、冬瓜等常规品种为主，总量不低于 1000 吨，保障市区 6 天消费的任务正在落实中。

（五）确保上市肉品安全

严格执行《生猪屠宰管理条例》，联合公安、卫生、工商等部门，严厉打击私屠滥宰和制售病害肉、注水肉等不法行为，对定点屠宰厂进行全面检查，督促企业按照规定程序和标准进行屠宰加工和肉品品质检验，确保人民群众吃上放心肉。

连云港市商务局

2011 年 8 月 23 日

连云港市商务局
关于做好春节市场供应工作的通知

（连商发〔2011〕6号）

各县、区商务（经贸、经发）局，市有关单位：

2011年春节即将来临，为保障春节市场供应，进一步扩大消费，繁荣城乡市场，确保全市城乡居民过上欢乐祥和的节日，现就有关事项通知如下：

一、加强组织领导，提高市场保障能力

春节是我市人民重要的传统节日，也是居民集中消费的高峰时期。由于当前市场运行中的不确定因素增多，突发事件时有发生，蔬菜、食用油、猪肉等生活必需品价格仍有上涨趋势，保障节日市场供应工作任务艰巨。各县、区商务主管部门要按照市委、市政府和省商务厅的统一部署，强化组织领导，明确工作责任，落实工作措施；进一步完善节日市场供应应急预案，做好应对市场异常波动的各项准备工作，积极深入生产、经营一线，调查分析市场形势，掌握了解供应情况，查找存在的问题，及时协调解决。

二、加大组织调运力度，确保产销对接畅通

各县、区商务主管部门要突出抓好对猪肉、蔬菜、禽蛋、粮油、水果和水产品等重要生活必需品市场供求情况的调查，针对节日市场需求特点，落实商品货源，增加适销品种库存量，丰富节日市场供应。积极推动农产品生产基地和大型超市、大型农产品批发市场开展产销衔接，稳定供货渠道。鼓励零售企业提高农产品经营比重，指导大型超市、农贸市场开辟节日销售专区。协调公安、交通等相关部门建立蔬菜、猪肉等重要生活必需品调运机制，落实农产品运输绿色通道政策，帮助企业解决运输困难，确保运输渠道畅通。

三、精心组织货源，保障蔬菜市场供应

春节期间，我市蔬菜需求量较大，各县区商务主管部门要精心组织货源，积极组织蔬菜产销对接会、购销洽谈会等活动，帮助蔬菜主产区生产基地和销售商建立稳定供应关系。选择一批配送中心、批发市场、大型超市、农贸市场、社区商店，作为蔬菜应急调运集散地和供应点，落实蔬菜快速调运联系机制，鼓励大中型农产品批发市场适当增加商业储备，建立地方商业代储制度，在有条件的地方建立大宗蔬菜储备库，轮换储备大宗蔬菜。积极支持大中型农产品批发市场进入社区建立蔬菜专卖店，减少中间环节，保障节日蔬菜价格稳定。

四、抓住旺销时段，积极扩大消费

各县、区商务主管部门要积极组织引导流通企业抓住春节旺销时段，采取多种形式扩大消费。针对节日市场消费需求和特点，积极组织名、优、特、新商品上市，开展"迎春购物月"、旅游节、文化节、美食节等促销活动，营造节日市场氛围，扩大商品销售。要指导餐饮企业强化服务，积极推出适合春节市场消费的特色美食，引导和扩大餐饮消费。认真落实《酒类流通管理办法》，加大实施酒类经营者备案登记制度和酒类流通随附单追溯制度的力度，配合有关部门打击制售假冒伪劣商品、扰乱市场秩序等违法行为，切实保障城乡居民消费安全放心。

五、加强市场监测，及时报送情况

春节期间要继续做好市场监测工作，密切关注市场动态，及时了解供求和销售动向，异常情况随时上报，请各县、区商务主管部门于 1 月 25 日前将本地区春节货源准备情况书面报市商务局市场运行调节处。

联系人：傅世瀚　电话：85825839　传真：85825837

邮箱：lyg.wzc@163.com

连云港市商务局

2011 年 1 月 13 日

多措并举　确保我市市场供应

2010年年底以来，为了保证节日的市场供应，我市商务局根据国家、省商务部门的要求，采取多种措施，保证市场供应。

一、加强组织领导，严格落实责任

元旦、春节是居民集中消费的高峰期、市场敏感期。全市商务主管部门切实加强领导，精心组织，周密部署，把保证元旦、春节市场供应和食品安全作为当前工作的重中之重。市商务局成立了主要领导负总责直接抓，分管商贸工作领导具体抓的工作班子，相关处室具体负责，责任到人。下发了《关于做好元旦春节市场供应工作的通知》（连商字〔2011〕15号）等文件，积极开展市场运行调度，及时掌握节日市场动态，确保节日期间生活必需品供应不断档、不脱销。

二、积极组织货源，做到以量稳价

2010年12月下旬以来，各商家抓住商机，精心准备，积极备货，严把质量关，拓展服务领域，改进服务方式，延长服务时间，提高服务质量，为广大消费者提供了丰富的商品。据不完全统计，市时代超市、家得福超市、苏果超市、大润发超市、天缘食品有限公司、四季农副产品批发市场等十几家主要商场、超市、农贸市场等企业投放商品货值达7.5亿元。其中，副食品5.5亿元、家电0.5亿元、服装0.8亿元，其他各类商品0.7亿元。从主要食品来看，大米、面粉6500吨，食用油850吨。市农副产品批发市场积极发挥市场调节功能，积极组织货源调进，市场内蔬菜、水果、粮油等货源储备总量稳定在6000吨左右，日供应量可达2000吨左右。蔬菜准备约50个品种，水果30多个品种，水产品有20个品种；市烟草公司准备中华、苏烟、南京、一品梅、国烟、云烟、红双喜等中高档名优卷烟300大箱，价值达1000万元；市糖烟酒食品公司投放茅台200箱、五粮液500箱、剑南春300箱、地产酒5000箱等，价值达2500万元。

三、储备准备充足，保证恶劣天气供应

为确保低温雨雪冰冻灾害天气市场供应工作，按照市级每人每天2两肉、7天标准，积极协调有关部门，储备猪肉500吨（含活体）。按照市级人口，6天消费标准，储备大白菜、包菜、土豆、洋葱、冬瓜等1000吨。

四、加强监测预警，落实应急预案

加强对样本企业的监测，对事关群众日常生活的肉蛋菜等主要副食品的货源实行重点监测，加强预报预警。2011年3月16日下午开始，针对我市市场上出现食用碘盐抢购脱销现象，紧急召开我市盐务局和11家大中型超市负责人会议，落实六项措施：一是启动应急预案，成立专项小组。11家超市启动应急预案，成立专项指挥小组。应急预案实施主要领导负责制度，具体问题落实到人。二是积极组织供应，做到以量稳价。市盐务局确保从17日开始向市区11家超市每日每家提供5吨食盐，全力保障市场食盐供应，做到以量稳价。三是加强调配力度，加强市场供应。加大食盐调配调运力度，保障食盐运输车辆畅通，食盐生产部门全力做好生产工作，以防出现货源不足现象。四是设立销售专柜，拟定限购方案，做到有序销售。要求11家大中型超市设立销售专柜，做到有序销售，由专门销售人员负责监管，严格按照限购标准，防止哄抢等事件发生，原则上要求各超市在应急期间施行每人限购2袋的限购方案。五是落实应急预案，加强监测预警。11家超市每日下午5:00上报当日食盐市场情况，由我局汇总并上报省、市政府，做到及时掌握市场食盐供应、价格、销售情况。六是进行宣传引导，澄清相关事实。超市要组织销售人员及收银人员相关知识宣传培训，对前来购买的消费者进行宣传、解释、引导，适当打出海报标语，澄清相关事实，消除市民顾虑。

应急保供工作要夯实好各项基础，等出现各种灾害时，才有用武之地，下一步将做好如下工作。

（一）加强监测分析，关注异常变化

为及时了解掌握我市主要生活必需品市场供应和价格变化情况，我局在大型农副产品批发市场、超市、生猪定点屠宰场和重点农贸市场建立了特约信息员制度和统计监测制度，及早发现市场波动，分析变化趋势，做到对市场动态心中有数，提高工作前瞻性和主动性，并派出相应的工作人员深入实地调查询问，在第一时间向上级上报粮油肉菜等市场供应与价格变动信息。同时，我们也充分利用市商务局网站等媒体及时发布市场信息，引导市场供给，稳定居民的消费预期。

（二）建立储备制度，增强调控能力

建立健全蔬菜、猪肉等重要生活必需品储备制度，适当增加储备品种，扩大储备规模。继续落实猪肉储备490吨（含活体），耐存蔬菜1000吨情况下，对食用油、鸡蛋、水产品、糖等品种进行适当储备。

（三）组织蔬菜货源，保证市场供应

1．建立稳定的长效的产销供应机制。中心城区日均蔬菜消费350吨左右，全年地产菜占50%，市外调占50%。中心城区蔬菜主要通过市农副产品批发市场批发上市，外调货源主要来自山东、海南等地。通过市批发市场与海南、山东等地签订蔬菜购销合作协议，建立了蔬菜主产区与专业批发市场、经销户的产销联系，形成了稳定长效的产销供应机制。

2．开展农超对接活动。通过各种形式，引导组织大型零售流通企业以及学校、酒店、大企业等终端用户与蔬菜批发市场直接对接，也可以直接与产地的蔬菜主产户建立购销联系，减少流通环节，降低成本费用。

3．做好农贸市场的升级改造。对城区4—6家农贸市场进行升级改造，为群众提供一个安全、方便的消费环境。

（四）与相关部门合力协作，维护市场秩序

加强与物价、交通、公安、工商等部门的协调配合，落实好“绿色通道”政策，使生产、加工、运输、销售各环节紧密衔接，确保市场渠道畅通，降低商品流通成本，加强对城镇大型批发市场、超市和农副产品市场的食品价格专项检查，加大价格违法行为的处罚力度，严厉打击囤积居奇、哄抬物价、变相涨价、合谋涨价、串通涨价等不法行为。

连云港市商务局

2011年3月20日

连云港市市区农贸市场改造工作方案

为彻底改变我市城区农贸市场年久失修、设施老化、功能不全的现状，根据市领导要求，近期将开展市城区农贸市场升级改造工作。

一、工作目标

通过对城区符合城市规划的农贸市场实施升级改造，逐步由设施完善、管理规范的新型农贸市场取代传统农贸市场，营造公平、卫生、方便、安全、放心的消费环境，此项工作实行目标责任管理，纳入市政府目标责任考核。

二、工作安排

（一）考察调研阶段

2011 年 3—4 月，组织相关职能部门赴苏州、常州、南京等地区考察学习，结合我市实际研究制定具体实施方案，出台实施办法和扶持政策。

（二）宣传动员阶段

2010 年 4 月底，召开市区农贸市场升级改造动员大会，安排部署农贸市场升级改造工作，签订目标责任书，进一步健全机构，落实责任主体。

（三）实施试点阶段

2011 年年底前完成 4—6 个农贸市场升级改造。

1．2011 年 4 月底前，按照“政府组织、区自为战、分类改造”的原则，由农贸市场开办单位制定具体升级改造实施方案并核算投资总额，报经市农贸市场建设管理领导小组审查同意后实施。

2．2011 年 4 月—11 月，按照工作方案要求，全面完成实施农贸升级改造任务。

3．12 月上旬，由市农贸市场建设管理领导小组组织评审、预验收，提出整改意见，落实整改措施。

4．12 月 31 日前，完成整改，正式验收。按照市政府配套扶持政策兑付奖励资金，召开 2011 年农贸市场升级改造总结大会。

（四）全面推进阶段

2012 年、2013 年各完成 6—8 个农贸市场升级改造任务。

2014 年完成全市城区 32 个农贸市场升级改造任务。

连云港市商务局

2011 年 2 月 21 日

农贸市场升级改造考察报告

为切实落实"菜篮子"市长负责制，丰富农副产品市场供应，平抑市场价格，促进社会和谐稳定，根据市政府工作部署要求，3 月 31 日—4 月 1 日市政府办公室有关领导带领市商务、财政、规划、国土等部门和新浦区、海州区、连云区的分管领导，赴常州、苏州考察农贸市场建设管理工作，通过现场考察和座谈交流的形式着重学习了两市在农贸市场改造方面的成功经验。常州市自 2007 年起，按照《常州市市区菜市场建设规范》，对市区 103 个农贸市场实施升级改造；苏州市自 2006 年起用三年的时间，由财政安排资金，对核心区 20 平方公里范围内的农贸市场进行了升级改造，市区农贸市场面貌焕然一新。现将两市菜市场升级改造主要经验汇报如下。

一、领导重视、部门协作

农贸市场改造涉及面广、工作量大、情况复杂，因此领导重视、组织保障是关键。常州市农贸市场改造工作由市长亲自挂帅，并明确分管城建的副市长负责改造建设工作，原经贸委作为商贸主管部门负责农贸市场的长效管理，组织部长负责农贸市场项目督查，改变了过去由多个部门分管、但谁也不负责的混乱局面，同时指定由菜管办具体负责农贸市场升级改造工作的实施（常州市菜市场管理办公室，自收自支事业单位，编制 12 名，与商业网点办公室合署办公，政府每年拨40万元专项经费，另有资产收益或租金每年200多万元），为农贸市场改造提供了有力的组织保障。苏州市成立了由市委常委、副市长任组长，发改委等12个职能部门和5个区的分管领导为成员的市区农贸市场升级改造工作领导小组，全力推进农贸市场升级改造工作。

为扎实有效推进农贸市场改造工作，常州市自2007年连续三年将农贸市场改造列入全市十大为民办实事项目，后又被列入全市50项重点工程，还将农贸市场改造纳入城市长效管理考评内容，每季进行督查点评。苏州市于2006年起将市区农贸市场升级改造工作作为市政府的实事项目，加强考核检查。

二、政策推动、资金到位

由于全市农贸市场改造资金投入量很大，所以解决资金问题成为全市农贸市场改造顺利推进的关键。没有资金，农贸市场改造就成了无源之水、无本之木。常州市政府扩宽农贸市场改造筹措资金新思路，通过政策扶持和资金补贴的形式有效推进，提出了通过发挥规划的配置和引导作用，做好土地资源整合，解决资金不足的问题。明确了通过土地置换地块，用土地出让金补贴农贸市场改造，从而有力地调动了农贸市场改造的积极性。农贸市场升级改造所需资金主要来源于整合关闭掉的老市场土地出让增值收益，不以现金形式投入，土地出让增值收益实行封闭运行。补贴标准是：对内部提升项目由政府按照1100元/平方米的标准进行补贴；原址改造、搬迁移建及规划新建的，全部由政府投入。常州市农贸市场升级改造投入8.8亿元，如加上土地置换等实际投入20多亿元。由于目前环保标准修改，农贸市场与周边居民区的距离由30米增加到50米，某些农贸市场的升级改造必须要拆迁周边居民楼（最多的拆掉7幢居民楼）。为使拆迁顺利进行，常州市按同等地块商品房价格（当时均价4000元/平方米）测算拆迁安置标准，打包给所在街道办全权负责居民楼拆迁。对农贸市场外部环境整治（广告牌等）设立标准并给予补贴：城市主干道补贴500元/平方米，城市次干道补贴300元/平方米，里弄小农贸市场一般不给予补贴。除此之外，农贸市场升级改造过程中的人防费、墙改费等所有收费一律免收。苏州市城区的老农贸市场大都是混凝土框架结构，改造工作主要是原址上的简单升级，市、区两级财政共安排2000万资金用于农贸市场升级改造。

三、创新机制、科学运作

在农贸市场升级改造工作中，常州市按照“政府组织、重心下移、区自为战、分类改造”和“市场化运作、政策扶持、国有集体主办菜场”的原则，按照“内部提升、原址改造、搬迁移建、规划新建”四种形式逐步分类实施，模式较为科学实用。市商务局代表政府履行农贸市场升级改造行政管理职能，具体把握农贸市场升级改造的三大环节：确定方案、制定标准、项目验收。菜管办受商务局委托，具体组织推进农贸市场升级改造中涉及的资金运作、工程建设和回收经营权等工作。

为解决农贸市场改造后的管理难题，在改造过程中就逐步收回部分农贸市场的产权（原址改造、搬迁移建及规划新建的全部由政府投入）和经营权（内部提升的农贸市场在产权不变的情况下，由菜管办平均出资50万元买断菜市场经营权），升级改造后的农贸市场按照“两级政府、三级管理、重心下移、以区为主”的管理机制，实行属地化管理，交由街道办经营和管理，经营收益全部留给所在地街道办，均用于农贸市场的建设与发展，这样既提高了街道办的工作积极性，也强化了农贸市场周边至少50米范围内的综合管理，保障了道路通畅，禁止了乱设摊点行为。目前，常州市65%以上的农贸市场属于国有集体性质，在市场供应中充分发挥了平抑物价、杜绝假冒伪劣商品、保障食品安全的作用，确保了民生工程的实事惠民、服务利民和政策为民的功能。

四、以人为本、实惠百姓

“民以食为天”，农贸市场与千家万户、每个市民的生活息息相关，建设好、改造好、管理好农贸市场就是造福市民。因此，农贸市场提升改造在规划选址、方案设计、施工质量上都必须从人性化出发，以为人民服务为宗旨，体现方便市民买菜、方便市场交易的原则。规划设计上更加着眼长远，有一定的前瞻性考虑，体现现代化的标准，与人民不断提高的生活水平相适应。常州市政府办公室下发了《市政府办公室关于颁发常州市市区菜市场建设规范的通知》并开展菜市场“五比五赛”创优争先活动，苏州市人民政府制定下发了《苏州市城乡农贸市场基础设施标准》和《关于进一步加强农贸市场管理的意见的通知》，高起点、高标准地对农贸市场室内布局和摊位设施等作出了详细要求，使农贸市场的硬件档次得到了全面提升。改造后的市场面貌一新、环境整洁、功能完备、规范有序、商品出样美观，买菜就像去商场购物。同时，建立和完善了一整套相关管理制度，通过制度来管理人，通过制度来规范其经营行为，全面提升了农贸市场的管理水平。

连云港市商务局

2011年4月6日

后 记

编写此书，本无计划，纯属临时动议。在此次突发新冠肺炎疫情的状况下，市政府要求市商务局负责全市"菜篮子"生活物资保障工作，市商务局迅速贯彻落实，组织严密，应急处置及时有力，保供工作有条不紊并有所创新，多次得到市委、市政府主要领导充分肯定。这些成绩的亮点，主要得益于市主要领导对我们平时工作的高度重视和政策支持，更得益于长期从事此项工作的同志们坚持不懈的共同努力。"菜篮子"生活物资保供功在平时，利在"战时"，是一项利国利民的民生工程。此次将平时和疫情防控期间工作的点滴做法及时总结，以便在今后工作中更好地完善工作方法。

此书由王绪浦同志统筹、王永开同志统稿。在此书编写过程中，于安乐、黄小慧、王晨曦等同志做了大量的协调衔接工作，对他们的支持表示衷心的感谢！由于边实践，边总结，边体会，以及时间短、专业性强，加之编写水平有限，此书难免存在不少疏漏之处，望各位领导、专家、同人不吝赐教，批评指正，以便我们在今后的工作中进一步完善此实操规范方案。

王绪浦　王永开

2020 年 3 月 28 日